José
Ortega y Gasset

荷西．奧德嘉．賈塞特｜著
謝伯讓、高薏涵｜譯

What is philosophy

哲學是什麼？

「奧德嘉．賈塞特是歐洲繼尼采之後，
最偉大的哲學家。」
—卡繆—
（Albert Camus，一九五七年諾貝爾文學獎得主）

Φ
哲學人

〈哲學人系列總序〉

蘇格拉底與桑提婆的和解

關永中

「蘇格拉底（Socrates）的老婆叫什麼名字？」魯汶一位老師竟然拿它做口試題目！

我愣住了。只好搶白一句：「這究竟跟哲學有什麼關連？」所獲得的回應是：「總有一天你會明白我的用意！」

這事就此不了了之，我也沒有把它放在心上；直至有一天讀到威廉・魏施德（Wilhelm Weischedel）《通往哲學的後門階梯》（*Die philosophische Hintertreppe*）（台北：究竟，2002），四十三頁至四十五頁有關蘇格拉底與其妻桑提婆（Xanthippe）之間的摩擦時，才悟出其中要領：

世人只重視蘇格拉底之盛名，卻從來不曾為桑提婆著想過。一般輿論都指責她為悍婦，卻毫不介意蘇氏如何寡情地把髮妻趕離刑場！（“*Phaedo*,” 60a）

兩個善良的靈魂；

一對不合的配偶。

夫妻心性發展不同步，那真是一件憾事！說句公道話，桑提婆雖然脾氣大一些，到底不失為一位賢妻良母。她平日克儉、任勞任怨，一手把孩子們帶大，並且還獨力支撐起家計。反之，蘇格拉底可曾盡過半點為人夫、為人父的責任！

站在蘇氏立場，我們固然會聆聽到這樣的心聲：妳何必苦苦糾纏，不讓我去與志同道合的人探討真理！

站在桑提婆觀點，我們何嘗不體會到這樣的埋怨：你何苦不務正業、棄家不顧、終日遊手好閒，只管喋喋不休地與人空談！

當然，從另一角度看，如果蘇格拉底就此返家同聚天倫，蘇格拉底還會再是蘇格拉底嗎？柏拉圖（Plato）還能完成他的《對話錄》（*Dialogues*）嗎？後他而來的亞里士多德（Aristotle）還能獲得造就嗎？試想西哲史缺少了蘇氏、柏氏、亞氏，那將會是怎樣的局面！

誠然，凡走上哲學不歸路的人，就有很高機率與親友產生張力；類似的劇碼在歷史上層出不窮：

——佛陀拋妻棄子，只為了悟道。

——瑪利亞說：「我兒，為什麼這樣對待我們？看，你的父親和我一直痛苦的找你。」耶穌說：「你們為什麼尋找我？豈不知我應當以我父的事為念嗎？」（路加二

48-49）

——尼采（Nietzsche）想到其家人，就指桑罵槐地說：「蘇格拉底找到一個他需要的妻子……事實上，是桑提婆不斷將他驅趕到他那獨特的職業裡去。」

——齊克果（Kierkegaard）拒絕了他曾苦苦追到手、而又在他面前下跪求饒的未婚妻雷琪娜（Regina Olsen）。

時至今日，相似的事件還繼續在你、我及親友身上複製。你不是耳熟能詳地聆聽到以下的評語嗎？

——你何苦放棄一份穩定的職業，而去追尋那些虛無飄渺的學問？

——醫科大門為你開啟你不進去，卻到哲學系鬼混！

——你畢業後有何出路？誰會聘用一個專事批判的哲學家？

其實故事的情節是可以有較圓滿的結局！桑提婆的抱怨，是可以轉變成唐吉訶德（Don Quixote）侍從的一句：「我喜歡上他！」關鍵只在於是否有溝通的管道，讓彼此明悉對方的立場，藉此達到互相諒解。如果我們無法一下子化解親友們的心結，至少也可以透過剖白一己的使命來讓對方思索，藉此達成破冰的第一步。換句話說，目前的當務之急有三：

一、讓鄰人明瞭哲學家的任務

二、讓哲學人自己穩住陣腳

三、讓志同道合者凝聚力量

一、讓鄰人明瞭哲學家的任務——沒有人與生俱來就懂得哲學，甚至好學不倦之士也不一定與哲學投緣，一般市井之輩更毫不在意什麼叫哲學。不過，人生在世，早晚會遇到瓶頸，它叫我們不得不放慢生活的步伐來沉思宇宙人生；西哲稱之為對萬事萬物之驚異，國人稱之為憂患意識。人尤在困惑與挫敗中需要明智的導師指引。哲人就在向世人指點迷津上突顯其重要性。他擔任先知角色，向世界宣示究極真理；而萬代都不缺乏他們的蹤影，只是他們的智慧在經歷歲月的洗禮後，已沉澱在文本中漸漸被人淡忘，而需等待我們重新挖掘。誠然，我們若能重溫歷代哲人的智慧，用現代人能瞭悟的語言來翻譯及詮釋，將更能融入古聖先賢之對談，從中獲得開悟。有前人的思考作借鏡，我們可以有更穩健的基礎去探尋更博大、更精深的奧理，並與親友們切磋。在這裡，我們所欲強調的是：我們極端地需要提供更多有價值的哲學經典來與同胞分享，藉此製造對談的機緣來讓鄰人明瞭哲學家的思想與任務，好讓更多的人有機會瞥見真理的光輝。

二、讓哲學人自己穩住陣腳——退一步說，先知的呼聲不一定受廣大的群眾所歡迎；我們的努力不一定獲得滿意的回應。可以預期的是：不是所有人都有慧根去聆聽湛深的哲理；萬一別人把我們的剖白當作耳邊風時，那該怎麼辦？聞說有一位宣教士在鬧市中宣道，路過的行人都沒有停下來聽講。於是有人問他說：「既然沒有人聽你的道理，你又何必繼續宣講？」宣教士的回答是：「至少它還能警醒著我去堅持自己的信仰。」類比地，哲學家在吐露其哲思的當兒，除了向他人傳遞真理的訊息外，尚且為自己穩住陣腳，以免被世俗所同化。誠然，當我們在傳述歷代名家之學，或討論著名典籍，或提出個人見解之時，即使獲取不到理想的迴響，也至少能保住自己的信念，能提醒自己去與古聖先賢精神遙契，以融入真理的康莊大道。為此，我們需要不斷地進修、研討與沉思，以求充實自己。如此一來，更多的哲學作品有一再接受翻譯、詮釋與研讀的必要；更多的有志之士有投身哲學反思與提供研究心得的需求；更多的邂逅、對談、溝通、講授有進行的價值。

三、讓志同道合者凝聚力量——哲學的探討、典籍的交流、名著的詮釋與重譯，可導致關懷哲學的同道彼此拉近距離，直至凝聚在一起，形成一股向心力，共同向著智慧之途邁進。的確，當更多志同道合的人心靈聯繫一致，將會共同綻放出龐大的光與力，就如同各家各戶都點燃起明燈之際，周遭的環境就會被照亮，在旁的人也會被感染而沾得其益。只要點燈的人超出於熄燈的人，則世界將會是光輝燦爛的。誠然，有志追尋真理者不在少數：其中有渴望真道而苦無門路者，有尋得門徑卻苦無良師帶領者，有獲得良師益友指引而礙於環境的桎梏者，有時機成熟而正在邁向真光且一日千里地進步者。他們很可能就在你、我的身旁，只是暫時沒有人振臂一呼而無從被召集在一起而已。假如我們能提供更多研討哲理的機緣、出版更多有價值的典籍、刷新更多重要的翻譯、開啟更多被忽略的文本，則一股清流將被引發，世人將深受其衝擊，以致「若缺江河，沛然莫之能禦」！

欣聞商周出版提出「哲學人」系列出書計畫，內含哲學家原典翻譯、哲人傳記介紹、哲學專題論述、國內外學者研究心得等，藉此突顯哲學智慧的明燈，讓我們能向著真理之光邁進，達致向世人傳達真道，給同道凝聚向心力，使哲學人自我激勵而穩走「正知」、「正行」、「正果」。世人早已對粗俗的言論感到厭煩，此時我們更需要有哲學的先知出而傳播喜訊，讓蘇格拉底與桑提婆之間的疏離可以獲得彌補。誠然，如果蘇氏有足夠的管道與時間去與桑提婆溝通，桑提婆也不至於對蘇氏如此地不諒解。類比地，如果我們有足夠的人力物力去推出更多寶貴的哲學典籍以作溝通工具，使之更普遍化地流傳於市面，讓普羅大眾都可以人手一卷，則很多心結都可以冰釋、很多融通都可以促進、很多隔閡都可以掃除、很多疑慮都可以釐清；到時東方可與西方邂逅、靜觀可與思辯連貫、古典可與當代融通、歐陸可與英美對談、主婦可與哲人默契、桑提婆可與蘇格拉底和解。我們展望著一個大團圓的遠景，而商周「哲學人」至少已經踏出了珍貴的第一步，我們為此而感到慶幸與期待。

本文作者為台灣大學哲學系教授

推薦序

哲學的任務

賴賢宗

奧德嘉・賈塞特（José Ortega y Gasset）《哲學是什麼？》一書所說的哲學思想延續了尼采的生命哲學，而彌補了亞里斯多德、笛卡兒的抽象思辨的哲學傳統的不足。賈塞特認為他自己的哲學在一種全新且基本的意義下，是包含生活在內的。並不是哲學理論首先發現哲學活動，而是正在進行哲學活動的哲學家在生命過程中創造了哲學理論。所以，學習哲學理論必須回到進行哲學活動時候的生命體驗來理解。

關於哲學的任務，作者賈塞特所說者甚具見地。哲學的任務就是要採取某種觀點，來面對所有問題。例如關於「所有的存在」包含哪些事物？「所有的存在」是否真的能夠成為一個整體，也就是宇宙？或者說「任何的存在」（whatever there is）是否能夠形成許多不同的整體，也就是多元宇宙？「任何的存在」是否是在本質上可理解的？而這麼做並不是要解決這些問題，而是讓大家以正面的方式來接受某些無法解決的根本問題。這就是哲學和科學不同的地方。人類對宇宙以及整體世界的好奇，也就是哲學的根究竟從何而來？這樣的哲學的好奇心其實是心靈活動具有的天真自發態度。我們無法逃避那終極的問題，無論我們喜歡與否，它都以各種不同的方式與我們共存，終極關懷是哲學的出發點。相對於此，「科學真理」是精確的，卻也是不完整且次要的。「科學真理」以必然的方式存在於另一種完整且終極實在之中，後者以概念思辨來進行就成為「哲學」，而假若出之於一種前概念的生命存在的實存形式，那就是「神話」、「詩」。

作者賈塞特認為，哲學不喜歡像神祕主義那樣將自己沉浸在深奧晦澀之中。哲學希望從深層之中浮出表面。和一般人以為哲學是深奧晦澀的刻板印象不同，哲學其實非常地著重表面性。它極力想要把那些隱蔽的、神祕的事物以一種開放、清晰明確的方式帶到表面上來。對於此點，海德格把哲學與詩結合成一個整體。海德格說：「詩人就是聽到事物之本然的人。」此中，海德格顯然把哲學與詩結合成了一個整體，詩的驚異就是哲學的驚異，都是指人與存有相契合的「心境」或境界。驚異在海德格這裡完全成了哲學和審美意識的靈魂和本質。海德格哲學的一個著名觀點，就是自柏拉圖以來的西方傳統哲學，存有被遺忘了。海德格恢復了存有，思如詩，他也恢復了哲學的驚異，從而也恢復了哲學的生氣和美妙，此即海德格所說的「哲學本質上就是某種令人驚異的東西」。

關於讀哲學的方法，作者賈塞特的說法很值得參考。哲學無法被閱讀，哲學必須被深度體會——必須針對每一個詞句進行反思，而這也就意謂著，句子中的每一個字都必須被仔細地詮釋。然後，吾人不能只是滿足於觀察字的表面意義，而針對每一個字，你都得要深入，並將自己生命沉浸其中。必須要深究此中意義、並徹底理解它的結構與範圍，如此，才能夠在完全明白其內心祕密的姿態下重新進入一種自由解放的生命境界。

海德格《哲學是什麼？》是一本小書，不僅和賈塞特此書同一標題，二書也有許多可以交叉比較之處。海德格《哲學是什麼？》首先討論追問「什麼」是希臘哲學的開端，例如在蘇格拉底、柏拉圖、亞裏斯多德，總是在追問「美是什麼？」、「知識是什麼？」、「自然是什麼？」、「運動是什麼？」。然而「哲學是什麼？」的問題並不是一個致力於認識所謂的「哲學」的起源和發展的歷史性的問題。海德格說：「長期以來，人們往往把某物是什麼這樣一個問題當作關於本質的問題」。所以，「哲學是什麼？」等於是在問「哲學的本質是什麼？」關於這個問題的回答，不同時代的哲學家有著不同的解答。

驚異在哲學中占有重要的地位。海德格和賈塞特此書一樣，在這方面做出非常精闢的闡明。海德格說：「說哲學開始於驚異，意思是：哲學本質上就是某種令人驚異的東西，而且哲學愈成為它之所是，他就愈是令人驚異。」這就明確告訴我們，驚異不只是哲學的開端，而且哲學存在的本質就是令人驚異。尤有進者，愈是真正的哲學，愈令人驚異。

海德格在《哲學是什麼？》中說：「驚異是存有者的存有在其中敞開和為之而敞開的心境（Stimmung）。」海德格認為驚異就是驚異於人與存有的契合（Entsprechen，「適應」、「一致」、「協和」），或者說，人在與存有（Being）相契合的狀態下感到驚異。這也就是賈塞特此書所說的哲學之根本來自於人類無法逃避的終極實在的問題。和賈塞特此書對於「主體性」的反思一樣，海德格認為在日常生活中，一般總是採取主客關係的態度看待事物，把自己看作是主體，把他人和他物看作是客體，彼此互相對立，將他人和他物推開在外而求索它的本質，這是遺忘了存有而在求索在場者的第一因和最普遍者。一但有了人與存有相契合的感悟，人就聆聽到了存有的聲音或召喚（賈塞特此書所說的終極實在），回到這個的敞開和遮蔽同時存在的根源，因而感到一切都是新奇的，不同於平常所看到的事物，而這所謂新奇的事物實乃事物之本然。哲學就是與存有者的存有相契合。海德格說：「哲學就是那種特別被接受並且自行展開的契合，對存有者之存有的勸說的契合。唯有當體驗到了哲學如何以及以何種方式成為哲學，我們才認識和知道哲學是什麼。哲學以契合方式存在，契合乃是與存有者之存有的聲音相協調」。這正如賈塞特此書所說的，哲學的基本問題就是要定義我們所謂的「我們的生命」，就是要定義這個我們所面對之根本問題的存在方式，委實發人深省。

本文作者為德國慕尼黑大學哲學博士，台北大學中文系教授

目錄

第一章

今日之哲學

導向真理的奇異旅程：真理的來臨

以哲學闡明歷史

當我們面對藝術、愛、或思想（ideas）時，我認為所有的綱領與宣言都沒什麼用處。就拿「思想」來說吧，只要一個人明確地、誠實地針對任何一個主題進行反思，那麼這個人就必然可以和他周遭的浮泛思想區隔開來。這些浮泛的思想，就是所謂「群眾的」或「流行的」意見；我們之所以會如此稱呼這些浮泛的思想，其箇中原由可能遠超過你目前的認知。任何知性上的努力，都可以讓我們脫離庸俗，它將引領我們穿越隱蔽且艱辛的道路，到達與世隔絕的境地，在那裡，我們將發現自己浸淫在無數非凡的想法之中。這就是反思能夠帶給我們的結果。

現在，事前的宣示與計畫已經為我們預示了這些結果，它為我們剷平了眼前的道路，揭露了原本應該由我們親自去發掘的終點。然而，我們將會看到，當一個「思想」與「引領至該思想的心路歷程」之間失去聯結時，該思想就會宛若孤島般的突兀，這樣的思想便是最糟糕的一種抽象思想，而且令人難以理解。如果一個人在探索旅程的起點，就直接與大家分享他在這條艱鉅道路之終點所希望發現的結果，他會獲得什麼？我們為什麼要站在終點開始哲學的探究呢？

因此，我拒絕將我的這些演說內容轉變成白紙黑字的教學大綱。我主張這一切應該要從最初的原點開始，這個原點曾經是我過去的起始點，它也可以是你們今天的起始點。

今日之哲學

讓我們以一個眾所周知的事實為起點，這個事實就是，在當代世人的精神生活中，哲學所占有的地位已經和本世紀初哲學所扮演的角色大不相同。同樣的，哲學家對自己的研究與專業所抱持之態度也有了改變。就像所有公開、外顯的事實一樣，哲學的當今地位可以透過一些可觀察的方式呈現。例如，我們可以利用統計數字來比較現在和三十年前的哲學書籍消費數量。大家都知道，幾乎每個國家中，哲學書籍的銷售量都比文學書籍來的多，而且在世界的各個角落，我們都可以發現世人對「思想科學」的好奇心正在日益增長。

在意識的各種不同清晰層次之中，都可以感受到這樣的好奇心，這樣的渴求感來自於以下兩種元素：一是眾人對思想有了新的需求，二是人們在思想中感受到某種令人滿足的愉悅感。這兩種特色的組合並非偶然：稍後我們將會看到，每一種來自內在（而非來自隨機的外在刺激）的基本需求，都會伴隨某種感官上的愉快反應。這種滿足感官的愉悅即是快樂的表相。當一個人滿足了自我的命運，當他實現了自我，並處在其應當存在的真實狀態時，他一定會感到快樂。也因此，史萊格爾（August Shlegel）[1]顛倒了命運和快樂之間的關係，他說：「我們對自己感興趣的東西具有天賦」。天賦，是人類在某方面所具有的卓越才能，它總是伴隨著一種無上的喜悅。或許以下這句話對你現在來說仍然非常普通，但稍後在更多的證據支持下，我們會驚覺，原來每個人自身的命運才是他最大的愉悅所在。

和過去相比，我們所處的這個時代明顯擁有一種哲學的宿命。也因此，人們愉快地享受哲學思考的過程——當哲學辭彙在媒體上散播開來，人們會豎起耳朵仔細聆聽；人們也會欣喜圍繞在哲學家的周圍，就好像眾人喜歡從探險家的口中聽聞遙遠異鄉的各種奇聞軼事。

當我們比較這個景象和大約一個世代以前的情景，我們會驚訝於當代的哲學家和當代的哲學環境，兩者都有了改變。現今哲學家面對哲學的心理狀態與早期哲學家的多產比起來，是完全相反的。那麼，我們將要探討的第一個問題是，為什麼我們接近哲學的心態和過去的哲學家截然不同。

以這個討論為起點，我們會逐步推進至我們的目標，這個目標我現在還不會向各位明說，因為各位暫時還不能理解。然而，我們將會以同心圓的方式朝目標前進，這個過程就像是往圓心逼近，當同心圓的半徑愈來愈

1 譯注：史萊格爾，1767-1845，德國詩人、翻譯家、評論家。德國浪漫主義早期的代表人物。

小，推進過程中所產生的張力也將會愈來愈大。如果同心圓的最外圍是冰冷、抽象、無關緊要的，那麼趨近圓心之處則是令人驚訝地親切宜人，甚至有一點可憐兮兮的，雖然依照我們接近它的方式並不會這麼認為。偉大的哲學問題必須運用策略解決，就像是希伯來人圍攻耶利哥城及其最核心的玫瑰花園一樣：不直接進攻，而是緩慢迂迴的圍困他們、逐步縮小包圍的範圍，並以激動的號角聲將生命凝結於空氣之中。正由於這些激昂的旋律，我們才得以在意識形態的圍攻過程中，見識到這齣思想大戲中的諸多問題。

我希望這個過程中的張力能夠一直持續下去，因為在這條我們開啟的道路上，風景將會愈來愈迷人。從我們剛才提過的那些位於外圍且深奧難懂的事物開始，我們將進而檢視一些更直接的事物，那些與我們每個人的生命都最直接且切身相關的事物。我們將大膽挑戰每個人心中對於生命的庸俗成見，並讓大家明白這只不過是一種表象。我們將會戳破表象，進入我們生命的深層領域。在這個領域中，潛藏著與生命最緊密相連的祕密。這是一個與最深刻之自我有關的祕密，一個與生命本質有關的祕密。

不過我要重申，上述的一切絕對不是一種宣言，相反的，這是我不得不採取的一種安全措施。而我會這麼做，乃是因為這個慷慨且永不止息的城市為我送來了人數超乎預期的聽眾。而這個城市永不止息的程度遠超出人們的想像，而且，這是一種本質上的永不止息。在「哲學是什麼？」這樣的標題下，我開出了一門學術課程，一門不折不扣的科學課程。我不曉得有多少人誤解這個標題，並因此認為我打算要教授哲學的基礎概論。所謂的哲學基礎概論，就是以一種粗略且簡化的方式來處理複雜的傳統哲學問題。我必須要澄清任何與此相關的錯誤認知，因為這種想法只會讓你分心與迷失。我要做的事，其實與哲學概論完全相反：我將會針對哲學活動本身進行分析，也就是直接辨析哲思的過程。說也奇怪，就我所知，這樣的分析還沒有任何人做過。明確的說，至少沒有人曾經以我們即將投入的這種毅力與決心進行分析。

只是這些主題和一般大眾有興趣的主題相比，相去甚遠，它是一件非常需要技術以及專業興趣的事，而且似乎只有哲學家才適合，至少在一開始的時侯好像是如此。然而，如果我們在分析的過程中遇到了一些較為親切的主題，如果我們在縝密的哲學探尋過程中，突然發現自己落入了一個與人類最密切相關，而且溫暖又令人悸動的生命核心，並發現自己正探索的是發生在街頭巷尾的問題，甚至是房裡不可為外人道的事，那麼我必須說，這是因為它本來就應該以那種方式存在，因為在我學術性問題裡的專門性發展需要它，並不是我刻意主導、刻意追尋這些問題，這些問題也不是我事先思考、計畫而來。我唯一要宣告鼓吹的事恰好與此完全相反，我希望大家對那些超級複雜的問題進行專題式的深入分析。所以我仍是自由的，我保有可以隨興提出任何題目的自由度，不避諱那可能讓大家面臨智性上的難題。

同時，我也必須盡最大的努力，讓每個人都能理解我說的話，即使他們沒有受過任何哲學訓練。我一直認為，清晰明白的語言乃是哲學家應該表現出來的基本禮儀。除此之外，我們這個學門應該要視「清晰明白的語言」為一種前所未有的榮耀，如此一來，所有的心靈才得以與之接觸，當他們探索哲學才不會苦無門路。這種方式和某些科學學門的做法非常不一樣，在科學上發現的寶藏與外行人之間，往往存在著一隻晦澀專有名詞構成的巨大怪獸，而且這樣的情形有愈演愈烈的趨勢。我認為，哲學家研究並追尋真理時，應該要在方法學上採取極度嚴謹的態度，但是當他準備好要發表見解時，應避免自顧自地賣弄技巧，避免像展覽廳中的大力士透過公然展示二頭肌來自我娛樂。

導向真理的奇異旅程：真理的來臨

因此我要告訴大家，對今日的我們來說，哲學已經不再是上一個世代的那種哲學。然而，這也就意味著，真理是會改變的。昨日的真理在今日我們的眼中是錯誤的，同樣的，今日的真理也將無法適用於明日。但是，這難道不會剝奪真理在我們心目中那種至高無上的特性嗎？懷疑主義最廣為人知的一個論證來自阿格里帕（Agrippa）所謂語言的象喻[2]，毫無疑問，這是一個粗糙的論證；他認為，各種武斷的異見之間絕對不會產生共鳴。當眾人對真理的意見紛雜而且不斷改變，當眾人信仰的主義不同而且互相衝突，就會產生懷疑。那麼，讓我們繼續面對這個廣為人知的懷疑論證。

你將有許多機會沉思真理出現的奇異過程。以萬有引力為例，如果這個定律為真，那麼毫無疑問，它應該一直為真。自從有物體以來，它們的運動一直遵循這個定律。然而，這個定律卻要等到十七世紀的某個晴朗日子，才被不列顛群島的其中一個島上的某個人發現。在未來的另一個晴朗日子裡，人們有可能又會遺忘了這個定律，由於人們視這個定律為一個完備的真理，因此人們既不會否定這個定律，也不會修正這個定律，只是單

2 譯注：阿格里帕，西元一世紀左右的希臘懷疑主義哲學家。

純的忘了它，就好像是回到了牛頓發現這個定律之前，那個從來沒有人質疑過萬有引力曾經存在的年代一樣。

這個脆弱的特點，賦予了真理一種令人難以理解的雙重身分。一方面來說，真理是永恆存在而且不會變動的。但另一方面，當人類獲取真理時，人類本身隨著時間變動的特性也讓真理具有了歷史性，也就是真理在某個時間點被人類發現，也可能在另一個時間點消失。很明顯，這種時間上的特質並不會影響真理本身，但是這個特質卻會影響人類心目中的真理形象。換句話說，真正隨著時間變動的，是我們用來知曉真理的心理活動。這種心理活動乃是真實的東西，它是時間流動中實實在在發生的變化。因此，真正具有歷史性的，其實是我們知曉真理（或者遺忘真理）的這件事實。而這也正是令人感到神祕與不安的原因，因為只要透過我們的一個念頭（而念頭是無常且短暫的，它來自一個最易變的世界），就能捕捉到永恆且超越時間的事物。這意味著，念頭乃是兩個質性完全相反之世界的交會點。我們的念頭不斷生滅、流傳、轉變與屈從。同時，念頭的內容，也就是思考的對象，卻持續不變。二加二永遠都是四，即使我們用來理解這個真理的認知活動消逝之後，這個真理依然不會改變。然而，「真理一直是真理」這樣的說法，仍然是不適當的。因為，持續的存在

（sempiternal existence）意味著某事物必須要持續存在於時間序列之中。雖然這段時間極長，但是和蜉蝣生命存活的短暫時間相比，兩者並無本質上的不同，它們終究都是一段時間。「持續」的這個特質，仍然逃脫不了時間的洪流，或多或少都會受到影響。

好吧，那就讓我們這麼說好了，真理並不持續一段長時間，也不持續一段短時間，真理是沒有時間性的，它完全不存在於時間之流中。萊布尼茲（Leibniz）[3]稱時間是「永恆的真理」（vérités éternelles），我認為這是不恰當的，稍後我將會提出說明理由。如果說持恆（sempiternal）是持續存在於時間總長度之內，那麼永恆（eternal）不但包括了所有的時間，它更存在於時間開始之前以及時間結束之後。我們必須要用另一個誇張的修辭描述它：這是超越時間的時間（superduration）。由於它非常特殊的特性，我們可以說時段的概念被保留了，同時，時段的概念也被消除了：永恆的存有就是存在於無限的時間中。換言之，無限的時間就只是一個單一的瞬間，它不持續，「它以一種同步且完整的方式完全擁有永無止盡的生命，」這就是波艾修斯（Boethius）為永恆所下的精緻定義。真理與時間並沒有正向的關係，它們之間的關係是「負向」的，換言之，真理完全不需要與時間扯上任何關係，真理沒有任何時間上的特質，它全然地將自

3 譯注：萊布尼茲，1646-1716，德國哲學家、數學家。

己摒除在時間之外。嚴格說起來，「真理永遠是真理」這句話，其措詞不當的程度並不亞於萊布尼茲在另一個情況下曾經舉過的一個著名例子：「綠色的正義」。在正義的概念主體上，並沒有任何的記號或孔洞可以讓「綠色」的特質與之掛勾。無論我們怎樣嘗試要把綠色的特質植入正義的概念中，它總是無法與之沾上邊，就像是會不斷從光滑的表面上滑開一樣。無論怎樣嘗試結合它們，我們總是會失敗，即使我們不斷將兩者相提並論，它們仍然毫無機會黏附在一起，而且還會頑固地彼此分離開來。

真理具有一種本質，就是「無時間性的存在」，而發現真理、思考真理、知曉真理、忽視真理、重現真理或遺忘真理的人類，則擁有另一種本質，就是「時間性的存在」。這兩者之間的差異非常巨大，我們實在找不到其他東西可以與之比擬。然而，平心而論，如果我們仍然在使用「真理永遠是真理」這樣的詞句，這乃是因為這種說法並不會帶給我們什麼有害的後果。它是錯誤的，但卻是無害且方便的錯誤。人類向來習慣以時間為背景來認識世界的各種事物，而多虧了這一句話，才讓我們一窺人類認知真理的這種奇異方式。總而言之，當我們說「某件事物一直都是如此」時，我們等於是在宣稱這件事物與時間變動毫無關係、完全不受時間的影響。在時間的範疇中，這種特質可以說是與「純粹的非時間性」（pure nontemporal）最為接近的一種性質，這是一種「非時間性」的準形態（quasi-form），以拉丁語來說的話，就是「species quaedam aeternitatis」。

因此，當柏拉圖發現真理必須要獨立於時間範疇之外（他稱真理為「理型」〔ideas〕），他就假設了另一個「超凡的類世界」（extra-mundane quasi-place）、一個超世的空間（supercelestial region）。雖然這樣的假設會讓柏拉圖學說出現嚴重的結果，但我們必須承認，這種設想是非常具有想像力的。透過柏拉圖的假設，我們可以用下列方式描述世界：人類所處的時間世界好比一個球體，它的周圍環繞著一種與時間世界截然不同的氣層，該氣層中，存在著「非時間性」，也就是不具時間性質的真理。但是請注意，在某個時候，真理（萬有引力定律）從另一個世界滲進我們的世界，彷彿有一道裂縫開啟並讓它通過。真理有如隕石似地墜入人間與歷史之中，這種「降臨」的象徵，悸動了所有承認上帝存在的宗教心靈深處。

但是，關於另一個世界的真理滲進我們這個世界的想法，卻激起了一個極度明確且具有暗示性的問題，令人汗顏的是，還沒有人透徹研究過這個問題。讓真理有機會穿透而過的那道裂縫，正是人類的心靈。但是，如果萬有引力這個真理和其他所有真理一樣，是早就存在的、不具時間性質的真理，那麼，我們為什麼理解的是這個真理，而不是別的呢？為什麼是某個特定的人在某個特定的日子發現？為什麼沒有人早一點或晚一點找到這個真理？又，為什麼不是別人發現這個真理？

很明顯的，這個真理以及它所穿過的裂縫之間（人類）一定存在著一種不可或缺的關聯性。每一件事必有其因。如果說在牛頓之前從來沒有人發現萬有引力定律，那麼兩者之間一定有某種密切的關聯性。那麼，這到底是什麼關聯性呢？是兩者之間的相似性嗎？我們並不是要試著簡化這個問題，恰恰相反，我們是要突顯它不可思議的力量。但一個人怎麼可能和一個真理相似呢？無論是幾何學上的真理，或是任何真理，都沒有辦法和人相似。畢達哥拉斯（Pythagoras）和他所發現的畢氏定理之間有任何的相似之處嗎？學生們或許會開玩笑地說，這個定理很像是畢達哥拉斯的褲子，因此會讓人下意識連結這個定理與它的發現者。然而，畢達哥拉斯並不穿褲子，在那個年代中，穿褲子的是賽西亞人（Scythians），而賽西亞人卻沒有發現這個定理[4]。

在此，我們第一次看到數個世紀以前的主流哲學與當代哲學之間的基本差異。這個差異在於，我們將某些非常基礎的事物也列入考慮，例如：一個人與其所思、所見、所想像的對象非但毫無任何相似之處，兩者間還

4 譯注：賽西亞人，古伊朗的騎馬遊牧民族。

有著屬性上的不同。當我想著喜馬拉雅山，無論是我本人或是我的思考動作本身，都和喜馬拉雅山完全不相似。喜馬拉雅山是一座占有廣大空間的山峰，但我的思想既不是山峰，也不占有任何一絲空間。同樣的，當我不想著喜馬拉雅山，而改想著「十八」這個數字時，無論是在我的意識、我的存在、我的精神，或是我的主觀自我之中，我都找不到任何可能是「十八」的東西。最後讓我們錦上添花的總結一句：當我們思索「十八」，這個心智活動本身是單一且獨特的。如果你不這麼認為，那就請你告訴我它們之間的相似之處。他們很明顯是兩個完全異質的存在。

以哲學闡明歷史

然而，如果歷史這個學門希望成為一門嚴肅的科學，那它的基本任務就是要解釋：為什麼某一類的哲學思想或政治制度，只有某些人會在某些特定時空發現、發展與實踐？在眾多的哲學類別中，為什麼康德會特別提出並徹底落實「批判主義」（criticism）呢？為了要解釋、理解這樣的現象，我們得要畫出雙向對應表，其中的客觀思想和相關主觀狀態（也就是能夠思考的人）互相對應平衡，這個道理還不清楚嗎？

但是各位不要誤以為我們說的是基本相對主義，我們不能退回到那種瑣碎的細節上，過去八十年間，相對主義不斷阻撓思想前進，在相對主義的架構下，每個真理都只是某些人的真理而已。「真理對每個人來說都有其價值」以及「只有一兩個人能在特定時間發覺真理」這兩件事，完全是風馬牛不相及。而且正因為這是兩件截然不同的事，我們才更有必要相提並論，它們必須和諧共存以戰勝那個令人反感的困惑：為什麼「真理具有絕對價值」這個概念似乎與「歷史上的人類思想總是不斷改變」的現象並不相容？

我們必須認識到，思想的轉變並不是「昨日的真理變成了今日的錯誤」，它代表的是人類前進的方向有了轉變，並使人們發現更多與昨日不一樣的真理。改變的並不是真理，而是人類本身。此外，由於人類改變，他們更可以從超世的空間中搜尋一系列正確的真理，那些他們之前視而不見的。這就是歷史最初步且基礎的先驗真理。這不就是人類的歷史嗎？

人的存在本質到底是什麼？人類隨著時間流動而在歷史中改變的現象值得探究。人並不容易定義，因為人的變異性極大，且變異愈大，歷史學家定義人的概念愈寬廣，他就更能深入且精確的研究人。康德是人，新幾內亞的俾格米人（Pygmy）、澳洲的尼安德塔人（Neanderthaloid）也是人。在人類極端變異的兩端之間，一定存在著某種最小的共同特點；我們承認人類所具有使其成為人類的極限，一定要有邊界。

遠古與中古時期對人都有最起碼的定義。嚴格說來（這樣說實在有些慚愧），我們並沒有超越這個定義：人是理性的動物。我們同意這個定義，但什麼是動物及理性，是我們一直感到頭痛的難題。我們或許會說：為了方便歷史研究，我們定義人類為「能夠進行有意義的思考，且因此我們得以理解其思想的生物」吧。換言之，歷史的基本假定是其所談及的主體必須是能讓人理解的。那麼，事件或存在物一定要具備某種程度的真理，才有可能為人所理解。絕對的錯誤就不是如此，因為我們甚至無法理解它。就這個角度來看，歷史的根本預設與相對主義完全背道而馳。當歷史的研究主題是原始人，它會預設原始人的文化具有意義和真理，而且當某文化具備這個特質，將持續保留該特質。但如果這些生命（原始人）的思考與行為帶給我們非常荒謬且不合理的印象，我們又該怎麼辦呢？此時，歷史會重新檢視它，為我們找出其中荒謬不合理的原因。

若歷史沒有完成它內在的使命，它就不是歷史，除非它瞭解人類在其所處時期的情形，無論是哪種人，即使是最原始的人類。但是，如果當代的人類過著無意義的生活，且他們的思想與行為沒有合理的結構，歷史就無法瞭解他們。透過這種的方式，歷史一定會合理解釋所有階段，而這和歷史當初的趨勢相反；我們以為歷史會顯示出人類反覆不定的意見，並迫使我們接受相對主義，但相對主義的某些看法，與「人類可以超越相對」以及「不朽之宿命」的信念並不相容。然而，當歷史為每個人的角色都賦予了全面的意義，並為我們揭露每個時代都曾經歷過的終極真理，它征服了相對主義中各種與這些信念不相容的看法。基於各種具體的理由，我希望「追尋永恆不變」與「追尋變化無常」的兩種好奇心（前者為哲學、後者為歷史），能夠在我們這個時代中攜手並進。

對笛卡兒[5]來說，人類是純然理性、不會有變異的存在物。因此，對他來說，歷史所關心的對象似乎是人類的「非人」特質。笛卡兒將這些特質歸因於人類的罪惡意志，這種意志讓我們放棄理性，並墮入次人類的殊途。對笛卡兒以及十八世紀的大眾而言，歷史毫無正面內容，它只不過代表人類種種的含混與錯誤。

另一方面，十九世紀的歷史理論與實證主義聯手切離自己與永恆價值的關係，以挽救不同時代的相對價值。然而，對於任何想要放棄時間與永恆這兩種面向的衝動，我們的現代情感不斷與之抗拒，一切想要扭曲這種情感的動作只是徒勞無功。這兩者的結合，絕對是這個世代最偉大的哲學

5 譯注：Descartes，1596-1650，法國哲學家、數學家、物理學家。

工作：為了達到這個目標，我提出一個方法，喜歡賦予事物精緻名稱的德國人稱這個方法為「透視主義」（perspectivism）。

一八四〇年到一九〇〇年這段期間，可說是人類歷史最不利於哲學發展的時期。這是反哲學的年代。如果有可能廢除哲學的話，它毫無疑問會在那段時期徹底消失。然而，由於不可能從人類心靈根除哲學的傾向，那個年代只能讓哲學萎縮至某個極限。接下來，這場我們正在參與的戰役，仍是一場非常艱難的戰役，它將著重於重建一套完備的哲學，並發展哲學至極致。

何以哲學會在那段時期萎縮？我們將在下一章為大家介紹一連串令人好奇的起因。

第二章

哲學之盛衰

世代的大戲

物理學的宏大勝利

實用主義

由於一些你們不需要知道的理由，我必須暫停我在大學裡開設的課程。那不是一門輕鬆隨意的課，它的緣起乃是我們心中都有嚴肅且強烈的欲望，希望探索各種嶄新有趣的想法。我認為我不應該讓這門課在剛起步就夭折，或是因為一些無關緊要的因素受影響，因此，你們今天才會看到我在這個非常不同的地點繼續這門課。

我必須提醒大家兩個非常關鍵的要點。第一，雖然我們的主題叫做「哲學是什麼？」，但我並非要授予大家有關這個領域的基礎概論。恰恰相反，我們會探討整個哲學，也就是嚴密分析思索哲學的過程。為什麼人的世界中會存在「哲學家」這種奇怪的生物？為什麼人類的思想會存在「哲學」？正如你所見，這並不是大眾喜歡的主題，而是一個充滿技術性的主題。雖然說這些有點離經叛道，但我們不要忘了這是一門大學裡的學術課程。當我為各位展示了未來的航線，旅程中的概念性岬角都將不假我手的自己顯現出來。我一定會努力讓每個人都能清楚明白我說的話，因為我曾經說過：清晰是哲學家應有的一種禮節。此外，雖然這個主題非常專門且充滿技術性，但它卻同時要求我們必須以專業的心態、最直接且平常的語言面對最平凡的問題，那就是如何定義並分析什麼是「我們的生活」，其中包括了我們日復一日的生活本質。沒錯，這正是我們必須以極度精確之型式來定義的問題之一，我們籠統稱為「日常生活」，也就是每天的生活質感。

第二，我之前曾經稍微提到，在哲學之中，直線並非總是最短的路徑。偉大的哲學問題只有透過彎曲的途徑，經由同心圓般逼近才可能解決，就像是希伯來人對付耶利哥城的方法一樣。因此，所有我們可能接觸的主題，甚至包括那些乍看之下非常文學的主題，都將會一次又一次的出現在這些同心圓中，每次出現，同心圓的半徑會愈來愈窄，要求也會愈來愈高。你將不斷發現許多第一眼看來只像是慣用語或是裝飾性譬喻的想法，都會在稍後轉變成嚴肅且艱難的問題。

哲學之盛衰

本世紀中，哲學家改變了對自己的研究的態度。不過，我指的並不是「現在哲學的教義內涵與一九〇〇或一九一〇年代的哲學不同」這件事，在當時，當哲學家發現自己的見解與過去的思想家不同，他可以深入其中並詳細闡述哲學的教義與內涵。如同我先前所說，十九世紀的最後六十年乃是最不利於哲學發展的時期。那是一個反哲學的年代。如果我們可以完全去除哲學，我絕對相信那個時代中的哲學會完全消失。然而，自哲學這個領域從人類文化覺醒的那刻起，它就不可能與人的心靈分離，因此，那個年代只能將哲學壓抑至最小程度。反觀此刻，我們可以見到當代哲學家在開展哲學研究時，都抱持著某種態度，其中包含著向哲學世界全速航行的清晰渴望，他們渴望見到全面、完備、完整發展的哲學，簡言之，就是極大化的哲學。

當我們面對這種變化，我們應該很自然地自問：當時是如何產生哲學衰微和萎縮的哲學心靈？當哲學重新擴展並賦予自身嶄新的信心、再次面對挑戰，經歷這樣的轉變之後，哲學的發展又是如何？為了釐清這些問題，我們必須要先定義這兩個歐洲世代的心智結構。對於這些出現在歷史表面的可見變化，我們要深入探索潛藏於人類靈魂深處的神祕改變，否則所有的解釋都是膚淺的。就以我們針對上述變化提出的解釋為例，對於我們討論的主題而言，這個解釋或許足夠，但是前提必須是我們要先認知到它的不足，我們必須認知到這個解釋其實缺乏深刻的歷史事實，它只是將歷史的過程平鋪在兩個平面的面向罷了。

如果想要嚴肅深入探尋各種哲學、政治或藝術領域之思想變化的緣由，這是浩大的難題。這等於在探問時代為何改變？為何人類的所思所感會和百年前不同？為何人類文明不會在同一套思想和行為模式之下穩定且平靜的延續？相反的，為何人類文明總是會徘徊、不安、不忠於自我並逃離自身的過去？為何人類總是同樣熱中於改變內心與外表？一言以蔽之：為什麼會有歷史？

你應該已經預料到，我們將恭敬的避開這個崇高的問題。但是我們必須指出，歷史學家至今都還未探索歷史之所以改變的最基本原因。一個或少數幾個人所提出的新思想或新感受，並不足以導致歷史和時代的巨變，就像是大西洋的顏色不會因為海邊的畫家將一抹朱紅甩入海水而改變一樣。但是，當一大群人同時接受了新的想法，並隨著新的感受群起共舞時，整個歷史與時代的面貌就會染上新的色彩。不過，群眾不會單單因為有人向他們傳達奇異的思想，就輕易接受或回應它。那些新思想或感受一定早就以某種型態存於人的心靈，它們是內生於人心且準備就緒的。如果不是群眾具有這種基本、自發的內心傾向，所有的傳道者都將面臨無比的困難，就像在荒漠中傳道。

因此，歷史的變遷本身就預設了某一類型的人會以前無古人的姿態出現，也就是歷史的變遷本身預設了世代的轉變。好多年以前我開始對歷史學家宣揚這個概念，我認為「世代」（generation）才是整個歷史最重要的概念。新一代的歷史學家已經誕生，因為德國的歷史學家採納了這個概念。

世代的大戲

這個世界發生任何重要的變化之前，當代的主流群眾一定要先改變。一群群的年輕人之間一定會出現與過往不同、不再老朽且不再同質化的特徵。這些群體構成了一個世代，在博物學家的用語中，這是嚴格定義的辭彙，它代表著人類的多樣性（human variety）。這些群體的組成分子擁有獨特的特質、傾向與偏好，這些特色讓他們形成有別於先前世代的共同相貌。

我們都知道歷史上的每個時刻都不只存在著一個世代，而是三個世代：年輕人、成年人與老年人。而我上面所提出的概念，更是為此注入了一股瞬間的能量與戲劇般的活力。這意謂著每個歷史事實、每個「今日」，嚴格說起來都包含著三個歷史事實，也就是三種不同的「今日」。換言之，每一個當下都富含了三種生氣勃勃的面向，無論這三種面向彼此之間有無好感，它們總是同時存在且彼此相連，事實上由於它們截然不同，基本上乃是互懷敵意的。對其中一些人來說，「今日」指的是二十歲，另一些人的「今日」則是四十歲，還有些是六十歲。正因為同一個「今日」竟由三種截然不同的生命形態構成，一齣充滿動態力量的戲劇油然產生，當代生活及歷史背景才會充滿衝突與碰撞。當我們以這樣的角度觀察那些看似明確的歷史時刻，才能顯現出隱藏的錯誤。乍看之下，一九二九年似乎是單一的時間片段，但這個時段卻同時存在著小孩、成人和老人。一九二九這個數字因此產生了三倍的意義，同時，這三倍的意義又都囊括於這個數字之中。它是單一歷史時刻的統合體，存在著三個不同的世代。

我們都是相同時代的人。我們都生活在同一個時間與環境中，但是形成時代的過程中，我們參與的時間點不盡相同。我們稱相同時間點出現的事物為「同時」（coeval），而「同時代」（contemporary）並不是「同時」。歷史中，區辨「同時」與「同時代」這兩種狀態是非常重要的。在單一的一段外顯時間片段中，嵌合三個彼此不同卻都充滿活力的世代。我通常稱這個現象為「歷史的根本時代錯誤」。正由於這種本質上的不平衡，歷史才能夠前進、改變、旋轉與流動。如果所有「同時代」的人都是「同時」的，那麼歷史將宛如癱瘓般停止變動，如石化般靜止於某個固定的姿勢，任何激烈革新的可能性都將消失無蹤。我曾經比喻同世代中的人們是沙漠中的旅行商隊，行走其中的人不得不一起前進，有如囚犯，但同時在他們卻又自願與滿足。對於自己年代中的詩人與政治理念，對於他們年輕時所見到的成功女性，甚至是自己在二十五歲所樂此不疲的走路方式，他們都忠誠不已。許多時候，他們會與其他外型奇特又引人好奇的旅行商隊交會，即所謂另一個世代。或許兩者會在慶典上互相交流，但是在曲終人散、回到正常時光後，這種混亂的融合會再度分裂成兩個有機體。每個個體都會神奇地辨認出自己所屬團體的其他成員，就像每座山丘上的螞蟻都能藉由特殊氣味辨識彼此。

「我們宿命地刻入了某個團體中，共享相同的年紀與生活風格，這實在令人感傷，而且這樣的感傷遲早會降臨在每個敏感的人身上。一個世代就是一群統整在一起的存在，或者你可以說，它是烙印在每個個體的生活型態。在某些原始的部落之中，不同時期的成員會藉由不同的刺青辨別彼此。他們青春時期所風行的刺青樣式，永遠在生命中留下刻痕。」

「就像所有的命運一樣，這個命運也有它的弱點，只有具天賦的人逃得過。有些人在晚年仍有毫不疲倦的彈性和耐久不衰的青春，因此有機會在生命期限中重生兩到三次。這些人充滿時代先驅的色彩，新的世代會在他們身上感受到領先眾人的兄長氣質。但是，他們只是生物界所證實的法則之特例而已。」

這種「需要感受到自己屬於某個世代」的欲望是每個人的問題，這剛好當作「生活藝術」的例子。有些人認為這代表注定失敗的厄運，但是，既然有些人可以從中脫逃並享有較長的青春，它必然是一種充滿漏洞的命運、具有彈性的厄運，就像是偉大的柏格森（Bergson）所說的：一個可以改變的厄運（une fatalité modifiable）。如果你的時代，有某個相當典型的現象讓你產生格格不入且無法釋懷的感覺，那表示某一部分的你想要老去。所有的有機體，無論是個人或社會，都有一種可能變成奢逸欲望的傾向，那就是讓永遠革新的當下隨風而逝，並在純然惰性的唆使之下退回到自己習慣的過去。換言之，這是放任自己逐漸衰老。

當一個持續維持運動習慣的人到了五十歲，通常會自我放鬆並停止運動。如果真的放鬆了，他就會失去之前所累積的一切。他的肌肉會失去彈性，同時也無可避免地老化。然而，如果他可以拒絕安逸，如果他抵抗最初那個放棄運動的欲望，並積極持續向前，他會驚訝於自己的肌肉仍可保有出人意料的青春活力。這表示我們不應該向命運低頭，使得自己淪為某個世代的囚犯；相反的，我們應該要抵抗它，並不斷以那些俯拾即是的各種青春生活來自我更新。不要忘了所有具生命的事物都會相互感染。疾病會傳染、健康也會傳染；惡與善會傳遞蔓延，年輕與衰老亦復如是。你知道現代生物學最富前景的一章，就是與再生有關的科學研究。在某些預設的環境與道德前提下，我們有可能在某個範圍內延長青春，再也不需要賣靈魂給魔鬼。那些提早老化的人，是因為他們自己想要如此，或說是因為他們不想繼續生活，他們無法讓自己充滿活力。當人在自己的命運中尋不到根基，他就會成為自己生命的寄生蟲，時間之流會拖他回到過去。

我們無法再延續青春時，可以瀟灑地釋出機會，儘管無法親自體驗新生活，仍可愉快地讓別人享受。我們期望不同於現在的未來生活，並把青春與衝擊不斷的新意託付給未來。然而，許多成年人無法擁有這樣的胸襟，過去不斷拉扯他們，使他們覺得未來很痛苦。他們感覺青春雖離自己不遠，卻已不再屬於自己；它幾乎唾手可得，就差那麼一步，好像是掛在牆上的獎杯、長矛和盔甲——它們已是黯淡且癱瘓的戰利品。既然我們無法回到自己的青春時代，那就歡迎新一代的年輕人吧！

撒哈拉沙漠流傳著一句話，這句短短的諺語描述出沙漠中的全景，刻畫出人類、鳥類和野獸群聚於小綠洲旁的景象。這句話是這樣說的：「在井中喝水，然後讓出你的位置。」就像我們之前提過的旅行商隊，它們都是世代交替的象徵。

這個與生命息息相關（vital hygiene）的忠告，事實上已遠離了我們的旅程。我的本意是：環環相扣於當下的三個世代，正是激發出改變的根本原因。兒子的世代和父親的世代有些不同，它象徵新的級別，讓人藉此品嚐存在的滋味。一般來說，兒子與父親之間的差距不會太大，因此占領主導地位的是兩個世代的共同核心，這樣的架構下，兒子可以視自己的生活型態是父執輩的延續與完美化。然而，有時候兩代的差距非常大，新一代很難發現自己與前一代的共同興趣與利害，這時候，歷史的危機就出現了。

我們的時代正好就是如此，而且世代間的差距很大。變化的發展過程是隱蔽的，但是時機成熟後，就會以迅雷不及掩耳的速度破繭而出，在短短數年之內，整個生活的型態就會全面改觀。多年來，我不斷預示這種即將到來的全面轉變，而我的努力卻徒勞無功。眾人譴責我，他們視我的預言是一種追求新奇的渴望。只有當各種事件都以它們的真實面貌顯現，這些惡毒的評論才會平息。而現在，和我們切身相關的新生活終於……

不，新生活還沒有到來。真正的轉變將比我們目前所見的變化來得激烈。它將徹底貫穿人類生活的各種深層領域。根據過去的經驗，我知道我不應該告訴你們我預見的一切，因為這樣做不但無法說服大家，而且會造成恐慌，因為眾人無法理解它們，或者應該說，是因為眾人會嚴重誤解它們。

目前我們所見的變化只是新時代到來之前的浪頭。任何想要解救自己的人，都必須要跳上這個浪頭並駕馭前進。如果有人拒絕這麼做、不願意理解這些即將呈現的新生活面貌，他會淹沒在那些來自過去、避無可避的餘波中，這種情況會擴及生活中的各種意義與面向，包括了知識分子或藝術家的作品、浪漫詩人的愛與情事，以及那些野心之人的政治生命等等。

從上述這種世代的角度切入，的確很讓人受用。但我目前說的，只不過是初步接觸與外在描述驚人且根本的事實而已。當我們準備好要檢視「我們的生活」，我們會以更活潑且深刻的方式來面對。而我們會這麼勇敢無畏地稱之為「我們的生活」，或許是因為我們還不知道自己在說什麼。

物理學的宏大勝利

我試著為大家指出十九世紀的最後六十年，導致哲學心靈萎縮、窄化，以及引領我們開展出今日健康且蓬勃發展之哲學的最直接推動力吧。

你會注意到，所有的科學或知識學門都有各自的主題、各自的瞭解對象（或者說它試圖想要探索的對象），以及該學門特殊的求知方式。舉例來說，數學所探索的對象是數字以及數字的延伸，而生物學所探索的則是各種生物現象，兩者截然不同。此外，數學和生物學的不同之處還包括認知的方式及知識的形式。對數學家來說，認知乃是一套嚴格推理系統，用以推導、演繹出結論，而這套系統還必須奠基在正確的論據上才行。相對來說，生物學的內容則是以歸納法為主，這種方式是為了推估我們觀察到的各種不精確之事實。若就它們的求知模式與知識形式來看，這兩種科學可說是非常不同，數學是一種模範典型，而生物學則非常粗糙。另一方面，數學令人困擾的地方在於，其理論所依據及探索的對象並非真實存在，正如笛卡兒與萊布尼茲所說：它們是「虛構的」（imaginary）。不過十六世紀出現新的知識學門，那就是伽利略（Galileo）的「新科學」（nuovo scienza）。它不但傳承了數學的嚴格演繹法，同時，它的研究對象更是真實存在的事物，即恆星以及宇宙中的星體。在人類思想的漫長演變過程中，這種知識學門還是第一次出現。這是第一門利用精確演繹法，同時又能證實觀察到之事實的知識學門。換句話說，它同時包容兩種不同標準的確定性：一是用來演繹出結論的純粹推理，另一則是用來證實來自純理論之結論的單純感官觀察。這兩種標準堅若磐石的結合，構成新的求知方式，我們稱之為「實驗法」，而這就是物理學的主要特徵。

自那刻起，這得天獨厚的科學學門顯得特別不同，同時也吸引了許多最偉大的心靈，這些現象不讓人感到奇怪。即使純粹從理論的角度來看，物理學作為一種理論、一種嚴格的知識形態，它毫無疑問是智慧的奇蹟。大家都知道，物理學的演繹結論和來自感官觀察的實驗結果並不全然相同，只是大略吻合，但由於兩者極度近似，並不會阻礙科學的實際發展。

雖然物理學具有「實際的嚴謹性」以及「透過感官事實的可驗證性」這兩個特徵（別忘了一個可悲的事實，就是宇宙中的恆星似乎總是依循天文學家提出的定律，在浩瀚蒼穹中，以罕見的精確度運行在應當出現的時刻與位置上），但我們確定若只靠這兩個特徵，物理學無法達到當前的非凡勝利。第三個特徵出現時，物理學的求知方式才完全受到歡迎。這個特徵是物理學的真理除具有嚴謹的理論，更對人類的實際需求提供非常大的幫助。透過對這些物理學真理的應用，人類可以介入大自然並為己所用。

物理學的第三個特徵，就是它可以讓人類掌控萬物，但這個特徵並不是優點，而且也無法判準理論或知識形態是否完美。在希臘，人們並不會因為一個理論帶來豐沛的效益就趨之若鶩，但是在歐洲其他地方，這個特徵和位居主流的人緊密結合，就是所謂的「布爾喬亞階級」（bourgeois）。這些人不喜歡哲學思考，也不追求理論思辨，他們只注重實際應用。布爾喬亞階級希望自己能夠舒適的生活，並透過干預和改變世界達成目標。因此，布爾喬亞階級世代最引以為傲的，就是工業革命及許多對生活有益的技術發展，例如醫藥、經濟與行政系統等等。物理學獲得了無可比擬的尊榮，正是因為它發展出醫藥與機器。布爾喬亞階級鍾情於物理學並不是由於智性上的好奇，而是由於物質上的需求。我們口中的「物理學帝國主義」，正是在這樣的氛圍下誕生。

我們出生、受教的時代背景充滿這樣的思維，我們似乎自然地忽視知識形態的理論地位，並獨厚那最能夠幫助我們操控事物的知識形態。然而，一個新的世代循環正在我們之中成形，當我們看到物理學的優越性竟然是奠基在「實際效益為真理的判準」之上，我們不再滿意，並瞭解若我們以這種操控萬物為己用的技術，以這種熱烈追求舒適作為原則，它就跟其他的原則一樣值得反省與懷疑。這種懷疑心驅使我們發現舒適只不過是主觀的偏好，或者更直接地說，追求舒適乃是西方人兩百年來不斷恣意妄行的善變欲望，在這當中並沒有任何優越的特質可言。

有些人把追求舒適置於首位，有些人認為這一點都不重要。當柏拉圖全心建構理論（其思想成就了後來的物理學以及物理學所帶來的舒適），他和所有的希臘人一樣過著艱苦的生活。和今日的交通、空調與居家環境相比，當時的生活簡直就是原始無比。而同一時期的中國人則沒有發展出任何科學思想與科學理論，他們正在編織著令人心曠神怡的絲綢、製作實用的物件，以及建造舒適至極的環境。柏拉圖的雅典學院發展理論數學時，北京的人民發明了方便放在口袋的絲巾。

但是大家要注意，我們偏愛物理學的終極原因，其實是來自於對舒適與便利的渴望，這種動機根本無法當作一個理論是否優越的判準。某些時代屈服於這樣的渴望，其他時代沒有。任何稍具洞見且有能力檢視自己所處時代的人，都相信自己所預見的未來社會，人們對舒適與便利的熱忱僅止於生活必需，而不會忘情地一味追求。人們把握這些舒適與便利、珍惜它們，並保存已成就的一切，雖然人們會試著讓環境更加舒適便利，但他們不會過度熱中也不會出於一己之私，他們會這麼做只是避免無謂的勞動，但這絕對稱不上是貪圖享樂。

追求舒適的渴望並不代表進步，它隨機地散布在不同歷史片段的各個層面中。如果有好奇的學者願意對此進行研究，並探尋這些歷史片段的共同點，結果一定非常有趣。換句話說，這項研究將說明人類熱中於舒適與便利的處境是什麼。

我不知道這項研究的結果會如何。不過，我想要先突顯以下的巧合。歷史上最熱中舒適生活的兩個時代，就是近兩百年的歐洲和中國的鼎盛時期。這是兩個迥異的時代，它們之間有什麼相同點讓它們都熱中於舒適生活呢？目前為止我只發現一點，就是當時主導歐洲的是「布爾喬亞階級」，他們是一群立志追求生活之凡俗面的人；至於中國人，他們天生就是一群聲名狼藉的實利主義者（Philistine）。（我只是閒聊地表達出我的印象，並無任何指控之意。）

實用主義

談到知識的意義，布爾喬亞階級哲學家孔德（Auguste Comte）說過一段名言：「求知是為了預測未來，預測未來則是為了讓行動有可能。」這種說法導致的結果，就是行動（當然是指有效益的行動）成為知識真偽的判準。上世紀末的偉大物理學家波爾茲曼（Boltzmann）曾經這麼說：「決定事物真偽的最終判準，既不是邏輯，也不是哲學或形上學；行動本身就足以決定一切。正因如此，我並不認為科技的勝利是自然科學所產生的簡單次級沉澱物，相反的，它乃是自然科學的邏輯實證。如果我們沒有提出並完成那些實用的成就，我們根本不會知道如何進行思辯。除了那些能夠產生實用效果的思辯方式之外，其他方法都是不正確的。」在《論實證精神》（*Discours sur l'esprit positif*）中，孔德提出了相同的看法，他認為是科技操控科學，而不是科學操控科技。根據他們的想法，效用並不是我們無法預見的沉澱物，不是真理所附贈的小費，相反的，真理才是實際效用所形成的知識沉澱。過了不久，有種哲學思想在本世紀初應運而生，我們稱之為「實用主義」（pragmatism）。在美國佬和藹的尖酸語氣中（這是每一個新興族群的特質；新興族群總像是一群「肆無忌憚的小孩」），北美的實用主義大膽宣稱：「成功才是處事的判準，除此之外別無真理。」在這種毫無畏懼的率直，同時也率直地毫無畏懼的宣稱之下，北美大陸正式踏入了漫長的哲學歷史中。

我們可別存有先入為主的頑固偏見，一味認為純粹理論思辨必然優於實用性，並抹煞了實用主義作為哲學以及整體生活觀點所應得的讚賞。我們當下要努力的，正是要消除所有偏見，包括在科學與文化上對純理論知識的瘋狂喜愛以及盲目追求。這乃是古代思想家（柏拉圖與亞里斯多德以降）與我們之間斷然的分水嶺，而且儼然成為我們思索對象中最嚴肅的主題。當我們深入探討關鍵的主題、準備定義「我們的生活」時，我們將會盡其所能釐清常在的二重性，長久以來，它將我們生活切分成「行動的生活」與「沉思的生活」，就像是馬大與馬利亞一般[1]。

我們在這裡只是指出物理學的輝煌勝利並不是因為它是較為卓越的知識形態，它的勝利只不過是基於社會事實。社會對物理學產生興趣，因為它帶來豐富的效益，一個世紀以來，這項社會利益已讓物理學的自信心膨脹到極點。許多醫生也有同樣的毛病。沒有人會當醫學是各種科學學門中的楷模，然而，由於病老之人極度推崇醫生，醫生便因此對自己的職業與人格產生安全感，一種自大又缺乏理性的過分狂妄（魔術師在過去也曾有過這種備受推崇的日子）；畢竟，當醫生運用科學的成果，他通常不是科學家，也不是理論家。

在社會氛圍中應運而生的好運，讓人們自我膨脹、莽撞並充滿侵略性。這些就是發生在當時物理學家身上的情況。也因為如此，歐洲的知識發展受到了將近一百年的摧殘，有些人稱為「實驗室恐怖主義」。

物理學懾人的優越性使哲學家因為自己不是物理學家感到羞恥。由於真正的哲學問題無法用物理學的方法處理，哲學家便放棄瞭解決這些問題

1 譯注：Martha and Mary，聖經中她們分別代表事奉型與沉思型兩種基督徒。

的念頭。他們揚棄了自己的哲學，極致壓縮哲學，並毫無怨言地服侍物理學。當時的哲學家認為，唯一值得追尋的哲學主題，就是反思物理學發現的真理，換句話說，哲學只過是關於知識的理論罷了。

康德（Kant）是第一個以激進方式採取這種態度的人。他並不直接對偉大的宇宙問題感興趣，他卻以小鎮警長般的強制手腕，命令眾人停止所有的哲學活動，即是長達了二十六個世紀的形上學思考。他這麼說：「暫停所有的哲學思考，直到我們找到以下的答案為止：綜合判斷（synthetic judgements）如何可能是先驗的（a priori）？」對康德來說，先驗的綜合判斷指的是物理學的內容，也就是物理與數學的科學真理。

但從這些描述看來，康德探討的問題甚至稱不上是關於知識的理論。他們的探討起點，是那些已經存在的物理學知識。他們並不是在問「知識是什麼？」

第三章

我們的時代主題

作為一種單純象徵主義的科學

科學的反叛

為何是哲學

科學與哲學知識的精確度

我原本設定了討論的邊界，但是在上次的討論中，我帶領大家越過了這條線。我希望提出直接的理由（儘管這些理由或許不夠充分），讓大家知道為什麼哲學的心靈會持續窄化、萎縮長達一百年，另一方面，它現在為什麼又逐漸興盛？目前為止，由於時間不足，我只探討了第一點：哲學一直處於劣勢，並不斷受到物理學帝國主義的羞辱，以及實驗室恐怖主義的恐嚇。自然科學支配我們周遭的氛圍，而這些氛圍則是決定我們人格的要素之一，就像是大氣壓力參與並決定人類的外在形態一樣。如果失去了大氣壓力的作用與設限，詩人賀瑞斯（Horace）的想像就會成真：人類的頭就將頂到天空的星塵。換句話說，我們將會沒有型態、不具邊界，而且失去人性。我們每個人，都只有一半是自己，另一半則來自周遭環境的形塑。如果後者能夠與個體獨特的氣質適切結合，就可完全展現我們的人格，我們可以感受到來自環境的支持與肯定，同時獲得內心力量的激勵與鼓舞。當周遭的環境（它是我們的一部分）無法與我們友善共存，它迫使我們進入持續不斷的掙扎與抽離狀態。它會讓我們憂鬱，還會壓抑我們的人格發展，使其無法順利成長。後面這種現象，正是哲學家受到自然實驗科學之暴虐壓迫所展現出來的結果。

儘管我的言語聽起來非常鋒利，但我不需要說明，你們應該明白我沒有譴責科學家和哲學家的意思，無論在道德或智慧上。畢竟，他們的確非得如此不可，而且他們也為那個時代創造出許多非凡的成果。有許多新的哲學特質，都在那個受迫的謙卑時代中產生，像希伯來人在巴比倫受奴役後，才變得更加細心與令人關注一樣。我們早就清楚，哲學家遭受科學家的鄙視及諸多「哲學非科學」的指控後，如何從屈辱中發現快樂，或至少我覺得快樂；哲學家空手奪白刃，並還至其人之身地說：哲學並不是科學，因為它超越了科學。

但我們現在得自問，到底是什麼原因使哲學家對哲學產生嶄新的熱情，並對自己研究的意義有了信心？是什麼原因讓我們可以毫無畏懼、毫不偏頗地在堅定的氣息中成為自豪、大膽且快樂的哲學家？

在我看來，有兩個重大的事件促成了這項轉變。

我們知道，哲學曾被貶為單純的知識理論。一八六〇年到一九二〇年間出版的大部分哲學書籍，也都以「知識論」自稱。同時，我還注意到令人驚訝的事實，在這些號稱是知識論的書籍中，竟然很難找到有人曾認真探討過「知識是什麼？」這實在是巨大的遺漏。很顯然我們見到了「周遭壓力使人盲目」的例子，這種情況下，人們會認為一些原本應該討論的前提是理所當然且無需爭辯的事實。這些盲目的例子隨著時代變遷有所不同，但它們總是會出現，而我們的時代也有我們自己的盲目之處。稍後，我們見到生活總是奠基在某些前提上，將會仔細探究其中的原因。這些前提就好比是我們立足的土地，或者也可以稱作是我們的出發點。

這種情況在各個領域中也都是如此，包括了科學、政治、倫理學以及藝術等等。每個思想的起源、每幅畫的背後，都存在一些假設或常規，對那些提出思想的思想家，以及描繪出景象的畫家來說，這些假設都是極為基本且根深蒂固的，他們根本不會注意這些假設，也不會在自己的想法或繪畫中多加介紹，我們不會發現它們以任何偽裝的姿態出現在繪畫與想法之中，除非是事先就認定它們是某種前提，並將之理所當然地排除在外。這是為什麼我們有時無法理解某個想法或繪畫的原因：因為我們缺乏解謎所需的要素，因為我們欠缺了解開祕密前提的鑰匙。

我們的時代主題

我要再重申一次，每個時代（更精確的說，應該是每個世代）的出發點都是奠基在一些假設上，這些假設或多或少都與其前後的其他世代有所不同。這表示，每個世代主流體系的真理與價值觀，像是美學、道德、政治或宗教等，都在歷史中占有不可抹滅的重要性。這些真理與價值觀各自緊密關連著人類時間變化中的某一段過程。它們對某些人來說具有價值，而且只對這些人有。真理是具有歷史性的。真理如何（事實上真理必須要）「超越歷史」，意即絕對的超越歷史，而不僅是相對的，乃是最大的問題。你們大都知道，對我來說，如何在可能的範疇內解決這個問題，正是這個時代的主要課題。

對十九世紀中期的思想家來說，他們的血液中流有一個從來不曾討論過，也無法提出來討論的前提，這個前提就是：嚴格來說，世界上除了物理科學以外，沒有任何其他的知識可言，換言之，除了物理學的真理，不存在任何與真實事物有關的真理。之前我們曾稍微談到，或許還有其他不同的「真理」存在，但反觀這些「物理學之真理」，即使我們遠觀之，也的確發現它具有兩項讓人佩服的特質：它的精準性，以及它的雙重確信判準（理性演繹和觀察實證）。然而，儘管這些特質非常動人，卻仍不足以保證世界上不存在其他具有完美形式的真理，或者是比物理真理和物理科學還要更高層次的知識。為了確信這種可能性，我們必須徹底探究以下問題：當我們嚴格推敲「知道」這個動詞的內在意涵時，究竟哪種形式的知識才是我們能夠認可的典範，才是真理的原型？只有當我們全然理解「知識」的意義時，我們才能知道人類擁有的各種知識碎片是不是真的符合「知識」的定義，還是只是大略接近而已。在完成這項探索之前，我們無法嚴肅討論知識論，就像過去這些年來，哲學一直假裝專注在這個問題上，但實際上，哲學根本還沒有開始探索它。

當時，物理學不斷成長，一八八〇年以來，它的觀察對象愈來愈廣泛，而且發展程度也十分全面、完美與精確，甚至，物理學還察覺到有改革自身基本原則的必要性。抱持這種看法的人認為，修改理論系統意謂科學缺乏穩固性，而事實恰好相反。正因為伽利略與牛頓所提出的原理是正確的，才可能出現物理學的驚人發展，而當其發展達到某個極限，就必然得擴充和純化那些基本原理。這就是物理學面臨的「基本原理危機」，事實上，這是理論成長過程中最幸運的一種病徵。我不明白為什麼我們通常認為「危機」（crisis）代表悲哀。危機只不過是深刻且強烈的變化，它有可能讓事物變得更壞，但也有可能變得更好。物理學面臨的正是讓事物變得更好的危機。

「基本原理危機」是科學已經成熟的最佳徵象。當這個現象出現時，就表示科學對自己的確信程度達極致，並擁有足夠的本錢提出基本原則並大膽修改，期望它們變得更有活力且穩固。人類理智上的活力和科學一樣，端視他能夠包容、理解多少的懷疑和疑慮而定。穩固的理論絕不會有不曾對事物產生疑惑的天真自信，相反的，懷疑使它成長茁壯。這不是盲目的信賴，而是在風雨中形成的堅定信心，一種由不自信的環境中淬鍊而生的自信。這是毫無疑問的信心、擊敗不自信而產生的信心，它表現出一個人理智上的活力。相形之下，如果我們沒有辦法理解這些疑惑、無法擊敗並消弭這些不自信，精神衰弱就會隨之而來。

作為一種象徵主義的科學

物理學的基本原則是它立足的基礎，也是物理學家活動的依據。當基本原則需要改革，一定得要從外部而非內部。要翻動上層的土壤，就一定要站在更深一層的土地上才行。因此，物理學家發現自己必須對物理學進行哲學分析，而當時物理學界中最特別的事，就是物理學家都全神貫注以哲學方法分析物理學。從龐加萊（Poincaré）、馬赫（Mach）、杜恩（Duhem）等人，一直到愛因斯坦（Einstein）、韋爾（Weyl），以及他們的學生和追隨者，物理學家建立起有關於物理知識的理論。當然，他們都受到過去哲學的諸多影響，但奇怪的地方是儘管哲學家誇大了物理學知識並認為它是知識的典型，但物理學家卻發現物理學乃是一種次等的知識，事實上，它是一種象徵性的知識。

歌劇院的經理只要數一數來賓置衣間中的衣架使用數量，就可以算出有多少外套和大衣，再從這些數字來推算，他就可以大略知道觀眾的人數。但是，他從頭到尾都沒有親眼見到這些衣物和觀眾。

如果我們把物理學的內容和物理世界放在一起比較，我們發現它們幾乎沒有任何相似性。就像截然不同的語言，只有透過翻譯才能交流。物理學只是以象徵性的方式對應到我們的世界。

我們怎麼知道物理學是如此呢？因為世界上還存在著許多可能的對應方式，就像我們用各種不同的方法處理事物。

在某個嚴肅的場合，愛因斯坦對物理學的理論地位作出以下總結：「科學的演化過程告訴我們：在眾多可以想像的理論建構中，總是有一個理論讓我們覺得特別優秀。每個曾經深入思考箇中道理的人都承認，我們之所以實際、一致的選擇某個理論系統，是決定於我們的感官世界。然而，究竟該如何選擇理論，事實上並沒有任何邏輯判準。」

換句話說，許多理論都具有相同的適當性，之所以有人認為某個理論比較優秀，完全是基於一些實用的理由。儘管種種事實顯示出某個理論的優越性，但是這些事實並不必然使它優越。

只有在某些情況下，物理學的原理原則才會接觸到自然的現實面：實驗。只要實驗能夠持續進行，就可以不斷修正物理學的原則。實驗，是我們介入大自然，並迫使它回應我們的方法。實驗並不能讓大自然以其原本的自然方式展現在我們面前，我們只能藉由特定操弄讓大自然作出特定反應。因此，我要以下面這個正式聲明來強調我的看法：人們所謂的物理實在性，只是依附的實在，不是絕對的實在。它僅是「類」實在（quasi-realty），因為它必須是有條件且相對於人才成立。一言以蔽之，物理學所宣稱的實在事物，乃是它執行了某項操弄後產生的結果。只有透過操弄的過程，才存在這種實在。

相較之下，哲學的探尋過程為我們展現出完全獨立於人類行為的實在，特別是那些不依賴於此尋找行為的實在；事實上，我們所要尋找的「實在之完整度」才是決定我們行動的主因。

說起來令人羞恥，哲學家建立如此廣泛的知識理論後，物理學家早就應該針對物理學的知識本質作出最終判定，他們應該讓大家知道物理學不是典範知識，嚴格說起來，它只是一種次等知識，這和它所希望突破的目標仍然有非常大的差距。

所以這些科學為求進展，尤其是物理學，應該在其局限中發掘自身概念的創造性基本原則。為了有所改進，它們不應該希望以不切實際的方式越過陰影，或是妄想超越自身局限，相反的，它們應該要樂於接受自身局限，應該要擁抱並毫無怨悔的徜徉其中，唯有如此才有可能成功攀達高峰。然而在上個世紀中，我們卻見到世界的各個角落充斥完全相反的態度。每個學門都嚮往自己像不受限制的生命，並希望變成別的學門。在那個世紀裡，有一種音樂，也就是華格納的音樂，並不滿足自己只是音樂，它希望取代哲學，甚至取代宗教。在這個世紀裡，物理學期望成為形上學，哲學渴望變成物理學。在這個世紀裡，詩詞企圖取代繪畫與音樂，政治思想也不甘僅是政治思想，反而想要成為一種宗教信條，更荒謬的是，它還試圖想要為人類帶來快樂。

當各學門採取新的態度，並回到自己的領域與軌道之後，難道沒有任何跡象顯示人類又生起新的敏銳之心，且希望以完全不同於以往的方式解決生命的問題？有沒有可能存在新的方式，透過這個方式，每個成員與個體都會接受自己的命運，徜徉其中，他們不會沉迷於四處遊走的幻想，而是盡力充實自己真實且不可轉移的輪廓直到最後？在此我先打住，以後我們再來討論它。

然而，物理學最近的萎縮情形，卻影響了哲學之精神狀態，它解放哲學的心靈，並讓它得以完成自身的使命。結束了對實驗的偶像崇拜，物理學也退回到它應該運行的軌道，人類的心靈終於自由開放地接受不同種類的求知方式，敏銳的觸角也再次警覺到那些真正哲學的問題。

這種情形並沒有讓物理學失去光彩。恰恰相反，它反而突顯出物理學驚人的穩固性和豐富性。由於物理學清楚知道自己身為一門科學具有的力量，它鄙視一切帶有神祕優越色彩的欺世主張。物理學知道自己是象徵形式的知識，但這種自知就已足夠，這樣僅然的自知，使今日的物理學成為最令人敬畏且關注的對象。如果歐洲真是文化之地（這個說法其實還要很久才會成真），那麼群眾一定每天守在報社前，等待物理研究的最新消息。物理學的研究結果如此豐富，嶄新且美妙的發現如此貼近我們，它完全不誇大地預測出突如其來的新奇宇宙景象，也可以瞬間帶領我們脫離那庇護眾人已久的世界觀，進入新穎的物理世界概念。這個情景就在我們每個人的眼前發生，或許當下某個驚人的新觀念正在德國或英國某些人的腦中萌芽，我相信不論是我或是那些聽我演說的有名物理學家，都不敢否認這種可能性。

科學的反叛

現在，我們明白了一個道理，原來讓我們屈服於「科學真理」的根源，即屈服那些符合物理學及相關原則的根源，其實就是迷信。

你們要記住，先前所描述的情景可以這麼闡述：每門科學都要接受它自身的局限，並在限制中找出正面積極的方法。接下來，我要介紹一個事實，它將讓大家進一步知道未來的方向：每門科學都要讓自己獨立於其他科學之外，換言之，它不會接受其他學門的支配。

再一次，物理學為我們提供最適切且知名的範例。對伽利略而言，物理學的使命，乃是要「在一般幾何學定理上」找出描述物體運行的特殊定律。伽利略從來不懷疑物理現象是否可能不受幾何學定理的支配。因此，他沒有花時間以實驗證實大自然遵從歐式幾何理論。伽利略相信幾何學比物理學更具有優越的權威性，並認為這是不證自明且無可避免的，換句話說，他認為幾何學乃是更高層次的物理學。愛因斯坦最偉大之處，在於他從自己的傳統偏見中解放。當他觀察到一些不遵循歐式幾何定理的現象，並發現自己處於幾何學權威與物理學專屬領域的中間衝突地帶，他毫不猶豫將支配權歸屬於物理學；與勞侖茲（Lorentz）比較起來，他們兩人的決定分別展現出兩種截然不同的心理型態。為瞭解釋邁克生（Michelson）的實驗結果，勞侖茲依循了傳統的腳步，他認為物理學應該要屈從於幾何學：物體必須要收縮，才能維持幾何空間的優越和完整。相較之下，愛因斯坦認為，幾何學原則必須根據物理學和物體運作的現象進行調整才對。

我們經常在其他科學學門中看到同樣的態度，但是我很驚訝從來沒有人提出類似想法，儘管這是一個重要且放諸四海皆準的想法。

帕夫洛夫（Pavlov）的制約理論與赫林（Hering）的色彩知覺理論就是兩個當代的典型範例，他們試圖建立一套能夠獨立於物理學與心理學之外的生理學理論。對他們而言，這些生物現象不會受到物理學與心理學事實的影響，而且這個領域也有它自己的獨特研究方法。

這種新的科學態度在某個領域中表現得淋漓盡致，甚至發展到引起公憤的地步，這個領域就是數學。近代的數學服從於邏輯，兩者幾乎說是合而為一。但是荷蘭裔的布勞威爾（Brouwer）發現，邏輯裡的「排中律」對數學並無任何價值，他認為有必要建立一套「不受邏輯影響」，只忠於自己且不臣服於外來公理的數學。

觀察到新思維這種傾向後，我們就不會訝異「反哲學權威之神學」的出現了。一直到最近為止，神學家總希望在哲學的理性規範裡納入神諭真理。他們不斷試著將非理性的神祕轉變成理性可理解的事物。然而，新出現的「辯證神學」則和這種迂腐的做法一刀兩斷，宣稱「上帝之知」是獨立且「完全」自主的。這種新的想法徹底翻轉神學家的態度。過去，神學家的專屬任務，就是要從人類及其科學規範的角度探討神的啟示。這也讓神學成為一種以人類為中心的神學。而巴特（Barth）則扭轉這個程序，建立一套以神為中心的神學。

由於受限於自己以及世俗的心，人類本來就無法理解上帝。人類只是「上帝之知」的被動接受者，只能夠透過啟示一點一滴接收上帝傳來的知識。神學家的唯一任務，就是洗耳恭聽上帝傳遞的真理。上帝傳達的真理是任何人類真理都無法比擬的，同樣的，這些真理也是獨立的存在。這種形式的神學完全擺脫了哲學的支配。特別值得一提的是，這種神學的轉變是從新教開始的，新教與天主教相比，前者的神學思想存在更深的人性化現象，也更屈從於哲學，也因此這種轉變格外引人注目。

當代的科學趨勢已和十九世紀末南轅北轍。當時的每個科學學門都想宰制其他學門，並希望將本身的方法學強壓在其他領域上，而其他學門也謙遜容忍這種侵犯。現在，每門科學不但接受自身缺點，更排斥其他學門可能為其創造定律的虛幻假象。

同樣的情形也出現在政治與現代藝術中。

過去這幾年，這些現象顯示出理智型式最重要的特徵。我相信它們可以開創出偉大的人類思想時期。不過得先克服以下困難。科學不能永遠停在這種不受控制的獨立狀態中。各種科學必須努力保持它們好不容易贏來的珍貴資產，同時，它們還要彼此溝通，不讓任一門科學產生獨大的支配現象，它們必須重新生根於哲學才有機會。現在已有愈來愈多科學家感覺到此急迫性，因為自身面對之迫切問題，他們發現自己不得不潛入哲學的大海。我們清楚看到科學家正邁往這個新方向。

為何是哲學？

在接下來的討論中，我不能隨意脫離主題而討論科學的未來。我之所以告訴大家當今的科學發展，是要讓大家明白，現在的理智氛圍有利於回到哲學的偉大傳統，矯正百年來的哲學萎縮傾向。這些公眾意見如同潮流般環繞在我們四周，使哲學家產生新的勇氣、再次獨立，並忠實於自身宿命的限制。

其實有另一個更有力的理由，可以說明為什麼哲學重生的時機已經成熟。由於每門科學都傾向接受本身的局限，並宣稱自己的獨立性，一種消極狀態隨之而生，使得人們完全無法克服那些讓哲學活動癱瘓百年的阻礙，這種消極狀態既無法滋養該使命，也無法刺激它產生更大的能量。

那麼，人們到底為什麼要回歸哲學？哲學為什麼再一次成為人類的標準使命？很明顯，人們回歸某項事業的理由一定和第一次投入該事業的理由相同。如果不是如此，這種回歸就缺乏誠意，淪為假意的虛偽行動。

我們不禁要問，人類當初為什麼創造哲學？什麼原因讓人進行哲學思考，無論是昨天、今日或任何時期的人？我們一定要先審視這種我們稱作哲學的東西，才有可能瞭解人類進行哲學活動的「原由」。

從這個新角度觀察，今日的知識型態顯示出過去知識具備的所有特徵，此外，在人類思考過程的形塑之下，今日的知識型態更展現出精確嚴格的新風貌。然而，如果由我們自己的眼光來看，重生的哲學又是什麼樣子呢？

接下來我將進行一連串公式化的描繪來回答這個問題。討論的過程中，你們將逐步明白其中的意義。

有些人或許會先定義哲學是關於宇宙的知識。這個定義雖然精確，卻讓我們遺漏掉特殊的重要本質，就是理智上的英勇氣概，哲學所特有的迷人氣質。從實際層面來看，這個定義似乎和我們之前對物理學的定義十分相襯（我們定義物理學為有關物質的知識）。但事實上，哲學家與物理學家的處理方式截然不同，物理學家面對的是物質，哲學家面對的是宇宙。物理學家先定義出物質的形象與輪廓，接著試圖瞭解其內部結構。同樣的，數學家也是以類似的方式定義數字及其外延。所以說，所有科學的第一步都是先界定宇宙中的一小部分，先限定問題，限定完成之後，該問題也就不再是問題了。或者我們可以說，進行物理學與數學研究前，已知研究對象及其基本特質，因此研究的起始點並不是從問題開始，而是從一些已經定義完成或已經知道的事物開始。

相較之下，當哲學家展開探索，他們就像亞哥號船員（Argonaut）一般勇敢無畏，因為他們面對的宇宙乃是完全的未知[1]。宇宙代表著巨大和廣泛，以一種模糊且浩瀚的姿態隱含了不可說的概念：一切存有之物。當下的一切，就是宇宙。我們必須清楚意識到，這一切之外別無他物，當我們思及「一切存有之物」這個概念時，我們並不知道「一切存有之物」是什麼；我們唯一能夠思索的就是一種反面概念，也就是透過否定的方式排除某種部分、碎片或片段的可能性。**因此，哲學家和所有其他領域的科學家都不同，因為他們航向未知**。我們所知的東西，不論或多或少，都只是

1 譯注：在希臘神話中，亞哥號上的船員勇敢地出海尋找金羊毛。

宇宙的一小部分、小比例、小碎片。哲學家面對研究對象時，採取有別於其他所有專家的不同態度；哲學家並不知道其研究對象究竟為何，他所知道的只有：第一，他的研究對象不是任何已知的事物，第二，他的研究對象是一個完整的存在物，它是真實的整體，包含了一切，而且是唯一可以自給自足的存在。沒有任何其他已知或可能的存在物具有如此特質。因此，宇宙基本上就是我們不知道的事物，關於它的正面內涵，我們完全一無所知。

如果繼續推敲下去，我們可以這麼說，所有其他學門的研究對象都是事先指定好的，但根本無法事先指定哲學的研究對象。由於哲學的研究對象是一個整體，而且無法指定，這就意謂在某種非常特殊的意義下，哲學必須尋求它的研究對象，而且是持續不斷地尋求。一門學門在開始就必須尋求其研究對象，這並不是什麼奇怪的事。如果一門學門在開始尋求研究對象與題材時就遭遇困難，那麼和其他學門比較起來，這個學門一定擁有比較不平靜的生命，乍看之下，它並不會走在康德所說的「安穩途徑」（der sichere Gang）上。哲學是一種純粹的理論英雄主義，它永遠都不會擁有確定而平穩的布爾喬亞時期。就像它的研究對象一樣，哲學一直都是需要被尋求的普遍且絕對的學門。也因此，亞里斯多德（我們這個領域中的第一位大師）稱這個學門為哲學，意即被尋求的科學。

我們先前曾經下過這樣的定義：哲學是有關宇宙的知識。即使我們如此定義哲學，這裡的知識也和其他學門中的知識有不同的意義。如果我們從知識這個詞的嚴格和最初意義來看，知識乃是解決問題的一種正面、確切的方法。換言之，知識就是透過研究者的主體心智完美剖析研究客體。如果知識僅是如此，那哲學絕不能受這樣的定義限制。如果哲學發現宇宙的終極真實乃是由全然的無常構成，乃是由不可預測的非理性意志推動（事實上，叔本華認為他所發現的真相就是如此），那麼這表示，主體絕不可能徹底剖析客體，因為智慧無法理解非理性的實在。即使哲學做出如此推論，它依舊是一種完美的哲學，和其他那些認為「存在是可思索且可理解」的哲學比較起來，我們的哲學一點也不遜色，而這就是所有理性主義的基本想法。

有鑑於此，我們必須捍衛「知識」這個詞的意義，我們必須注意，如果「知識」指的是在概念上完全瞭解宇宙，那麼視其接近理想的程度，我們對該知識有不同的評價。哲學必須先定義最極致的概念，同時，它也要能接受那些較次等的認知方式。當我定義哲學為關於宇宙的知識，我指的是理解這個由不同心智態度構成的完整體系，這個體系中，人類對絕對知識的渴望以某種次第與秩序存在。為了讓這套複雜的思想成為哲學，我們必須確保以下關鍵：心智對宇宙的回應也必須是全然的、整體的。一言以蔽之，這必須是個絕對的體系。

哲學的任務之一，就是要採取某種理論觀點，以面對所有問題。這麼做並不是要解決這些問題，而是以正面的方式讓大家知道無法解決某些問題。這就是哲學和科學不同的地方。當科學遭遇到不可解的問題，它們會直接停止處理這些問題。相反的，哲學從一開始就承認，這個世界本身可能就是不可解的問題。如何在大家面前完整呈現這個問題，則是哲學的任務，而這樣的任務也正是哲學得以實現其主張的最佳機會。

對實用主義以及各種科學而言，不可解的問題並不是問題，「不可解」對他們來說，就是無法用任何已知的方法解決。這些人認為所謂的「問題」，就是「可解決的」，而由於解決方式涉及了某種行為上的操弄，因此「問題」的定義，勢必包含了「可行的」觀念在內。實際上，實用主義正是以實際的作為取代所有理論（還記得皮爾士〔Peirce〕對實用主義的定義嗎？）實用主義同時也是一種篤實的理論，透過它，科學的認知方法得以展現。這些科學的求知方式中，保留些許的實用態度，它不包含純然的求知渴望，也不會接受沒有極限的疑問。

大家想知道，人類對宇宙以及整體世界的好奇，也就是哲學的根究竟從何而來？簡單來說，專屬於哲學的好奇心，其實是心靈活動具有的純然自發態度。對於生活中的一舉一動，我們有時模糊、有時清楚的感覺到與我們息息相關的世界，並且，我們假設它是一個完整的世界。從事科學活動的人，包括數學家與科學家等，卻切割了這個完整的世界。他們獨立出世界的一小塊，針對這一小部分提出他們的特殊問題。哲學身為一門有關於宇宙的知識，如果無法發現同樣型態的「科學真理」，那麼只能說是「科學真理」的悲哀。

科學與哲學知識的精確度

科學真理的特點，在於其精確性與嚴格的假設。但實驗科學雖贏得這些令人景仰的特質，卻必須付出代價：它勢必只能研究一些次要問題，無法觸及最具關鍵性的終極問題。然而，也正由於這樣的犧牲，科學才能做出重要的貢獻，光是這一點，就值得我們為它喝采。不過實驗科學終究只是心靈與有機生命的其中一小部分，它的終點絕不是人類的極限。如果物理學家勾勒事物的方法遇到極限並停下腳步，存在於每位物理學家心中的人性便起而續之，直到最後，好比眼睛見到殘缺的拱形會自動補起缺失的曲線。

物理學的任務是尋找每個存在之事實的來龍去脈，換句話說，就是要找出造成每個事實的先前事實是什麼。由於每個先前事實都有其更先前事實，因此追尋到最後便會回到最初的起始原則。

物理學家拒絕探索宇宙的最初原則，在這方面他們表現的很好。但我要重申，物理學家心中的人類本性並不會放棄尋找宇宙的最初原則。不論他的意志同意與否，謎般的第一因都會深深吸引他的靈魂。這是人類自然的本性。人類在生命過程中，必然會與世界接觸，也必然受到世界的吸引，人類必須在世界中活動，注定離不開世界。人類心中必然想獲得有關世界的完整想法，以及關於宇宙的整體概念，我們幾乎可以斷言人類不可能放棄這個追尋。不管粗略或精確，無論同意或反對，某種超越科學的世界觀深植於每個心靈。和科學真理比起來，我們心中的世界觀以更深刻的方式支配著我們的生存。

上個世紀，人類心靈受到極端箝制，所有的追尋都受限在某種「確定的」範疇。這種和宇宙之終極問題背道而馳的扭曲現象，我們稱之為「不可知論」。這種努力方式既不合理，也不可靠。實驗科學或許無法解決宇宙的根本問題，但它不能因此像是吃不到葡萄的狐狸般，視這些問題為「神話」，並要大家放棄追尋。我們怎麼可以對最重要的終極問題不聞不問？世界的源頭在哪裡？又將走向何方？宇宙的決定力量是什麼？生命的根本定義為何？如果我們只限制自己在那些間接且次要的主題，我們將因而呼吸不到空氣。我們需要的不是殘缺的部分情景，也不是看不見美麗遠景的地平線，我們需要的乃是一個同時擁有前景與背景的完整世界觀。當我們欠缺這套根本的觀點，我們的行進就會失去方向。雖然現在人類仍然找不到解決最終問題的方法，但並不代表我們對這個問題不敏感。相反的，這才正是讓我們為其深感快樂與痛苦的理由。畢竟，飢餓感怎麼會因為知道自己沒有東西吃而消失呢？雖然這些問題不可解，但夜幕低垂時，它們仍然會不斷浮現，像是閃爍的星辰悲憐的對我們眨眼。海涅（Heine）曾說，星辰是夜晚的思緒，它們不會止息，而且永遠閃耀。好像正北和正南幫助定位，但它們卻不是交通可達的城市，我們無法跳上火車就簡單到達。

我的意思是，我們無法逃避那終極的問題。無論我們喜歡與否，它都以各種不同的方式與我們共存。「科學真理」是精確的，卻也是不完整且次要的。它以必然的方式存在於另一種完整且終極的事實中，我們稱之為

「神話」（雖然這種說法不精確）。因此，科學真理可謂漂浮於神話中，而科學本身作為一個整體，就是一個神話，一個值得讚揚的歐洲神話。

後記：知識的起源

當我們詢問人類對宇宙和整體世界的渴求究竟從何而來，亞里斯多德並不能幫助我們解決疑惑。對他來說，這是個非常簡單的問題，他在《形上學》這本書中提到：「人類天生就有求知的渴望」。求知，是由於不滿足眼前的事物表象，而欲尋求超越表象的本質。事物的「本質」乃是一種奇特的東西：我們無法一眼就看穿事物的本質，相反的，它在事物的背後隱隱跳動著，它隱藏於事物之中，並超越於事物之外。對亞里斯多德而言，人類原本就很「自然地」應該探求那樣的「超越」，然而我們卻總是習以為常那些出現於周遭的自然事物。我們一點都沒有覺察周遭事物的「本質」，我們見到的只是表象，而非本質。沒有任何跡象顯示事物背後還具有某種「本質」。很顯然的，那樣的「超越」並不存在於事物裡面。

有人說，人類天性好奇。而當有人問亞里斯多德「人為什麼求知」，他就像莫里哀（Moliere）筆下的醫生那樣回答：「因為天性。」他繼續說：「人類渴望知覺、渴望觀察，這代表求知欲是自然的」。亞里斯多德的回答讓我們想起柏拉圖，他歸類科學家與哲學家是「喜好觀察之人」，也就是會受到奇特景象吸引的人。不過觀察與求知其實是相反的：觀察，是以眼來觀看面前的事物，而求知，則是以心來尋求不可見的事物本質。求知乃是我們不滿足於可見事物的表現，它代表我們不認為可見事物就是世界的全部，它意味著我們對不可見之「超越」存在某種需要。

除此之外，亞里斯多德的書中還有其他例子，一再顯示出他對知識起源的看法。他認為，求知只不過是人類運用原有的能力，好比觀察只不過是運用視力一般。人類具有各種感官知覺，擁有可以用來保存感官訊息的記憶，以及可經由回憶選擇並重現的經驗內容。這些都是人類生來就具有的機制與能力，無論喜不喜歡，我們都會運用它們。然而這全都不是知識。即使加上所謂的「智慧」，包括了抽象思考、統整和比較能力，也不算是知識。智慧，或者說是上述各種能力的總合，其實也是人類與生俱來的能力之一。智慧或多或少可以幫助我們求知，但求知本身並不是一項能力、天賦或機制，正好相反，求知乃是人類加諸於自身的任務，而且可能是不可能的任務。無論如何，求知絕對不是天生本能。

我們之所以運用本身的各種能力求知，並不是因為我們單純想運用這些能力，而是因為這些能力提供我們內心需求的助力。我們內心的需求和這些能力沒有關係，甚至這些能力既不適切也不充分。大家要注意，求知並不僅是運用智慧能力，因為人們向來無法駕馭求知的過程，我們唯一可以確定：人類在痛苦的過程中努力求知，人們探索超越表象的事物本質並盡全力瞭解它。

過去，人們著重於研究事物的運行機制，有關知識起源的真正問題受到鄙棄。擁有工具，並不代表就會使用該工具。我們的家中有許多閒置工具，因為它們的功用已無法再引起我們的興趣。約翰擁有傑出的數學天分，但如果文學是他唯一興趣，他就不會運用到自己的數學能力。如同我先前說的，我們完全不知道智慧能力是否可以幫助人類求知。如果人類真有如亞里斯多德所說，「天生」就可以理解自己身體與心靈上的天賦與能力，那麼我們應該瞭解，知識並不是「自然的」。事實上，人類運用那些能力時，才會發現自己無法完全達到「求知」應該達到的境界。他的訴求和求知熱情超越他的才能，也超越他所能展現的方法和手段。他用盡手邊所有的工具，也無法獲得滿足，甚至加乘了所有工具也無法辦到。真正的事實是：人類擁有奇特的求知欲望，而人類的能力（亞里斯多德稱這些能力是人的本性）卻無法滿足之。

這樣的結果迫使我們不得不承認：人類的真實本性非常廣泛，人具備某些能力，但也同時擁有缺陷。一個人是由「他所有」以及「他所沒有」兩者共同組成的。當人持續且竭盡所能使用他的心智能力，不單單只是表示他具有那些能力，相反的，這正顯示出他發現自己需要某種他所缺乏的東西，為了要獲得他所缺乏的東西，必須動員自己具有的全部方法與手段。所有的知識理論都犯了最基本的錯誤，就是沒有認知到人類的「求知欲」以及「用來滿足求知欲的能力」之間，一開始就存在落差。只有柏拉圖瞥見事實：求知的根本（也就是求知的本質）就在於人類的能力有所不足，在於人類「有所不知」。無論是神或是動物，都沒有這樣的問題。神是全知，因此不會有求知的需要；動物，則是一無所知。相較之下，人類乃是有所欠缺的生命。人是需要求知的，他迫切理解到自己的無知。而這就是值得我們分析之處。為什麼人類的無知會傷害自己？人類從不曾擁有的部分，怎麼會讓人痛苦？

第四章

關於宇宙或多元宇宙的知識
技術性問題與實用性問題
泛邏輯與必要理性

這門哲學課就像瓜地亞納河的流水，從某處源起並消失於沙漠，最後又出現在這裡。自從第一次在大學演講，我兩次營救了身陷於災難與大火中的大家。一次是透過這個演講的標題，另一次則是藉由我的提議：不以直線思考，而是以連續迂迴的螺旋方式縮小問題半徑。這讓我們（事實上是迫使我們）先以較通俗而不嚴謹的形式面對問題，它呈現出問題容易理解的一面，讓我們在更小的圓圈裡以更多的精力和形式化去處理問題。因此，許多事情在一開始看似瑣碎無聊，或者只像句口號，但稍後它們再度出現，隨著時間而演變，逐漸呈現出更加嚴肅且根本的面貌。

透過前述道理，我們結束了第一輪迂迴進攻。現在要展開柏拉圖說的「我們第二次環繞航行」（ton hemeteron deuteron ploun）。我們第一次航行瞥見了事實：科學真理（物理學真理）具有令人景仰的精確特質，但是它既不完整，也不是終極真理。科學真理自身並不是充分的真理。它的對象是部分的，意即只是世界的一小部分，而且還預設許多未獲證實的前提。因此，這種真理無法穩住陣腳，它沒有穩固的根源與基礎。換言之，它不是根本的真理。有鑑於此，科學真理才想結合其他真理，當它不再只是物理或科學真理，或許就能變成完整的最終真理。當物理學遇到瓶頸，問題不會就此打住，因為科學家背後的人性將繼續追尋那全面且完備的真理。無論喜歡與否，他的生命本質會讓他形成一個全面的宇宙概念。

在此，我們見到兩種相互平衡的真理：科學真理與哲學真理。前者精確但不充分，後者充分但不精確。我們終會發現較不精確的哲學真理是更基本的真理，它的位階比科學真理更高，不只是因為哲學涵蓋的範圍更廣，更因為它是一種知識。總之，不精確的哲學真理是更真實的真理。

這種情形一點都不奇怪。世人普遍傾向於把精確性視為足以左右真理價值的一種屬性，然而，這種做法不但沒有意義，更缺乏正當性。只有可量化的事物，才有精確度可言。或者就像是笛卡兒所說的：只有在計算和測量時，精確度才有意義。嚴格說起來，精確度並不是真理的屬性，只是宇宙中某些特定事物的屬性；更精準的說，精確度只是「量」的屬性，而量又只不過是物質的近似值而已。一個真理可以非常精確，但卻可能是非常沒有價值的真理。例如，幾乎所有的物理學真理都是以最精確的形式表達，但由於它們都是透過統計性質的方式計算出來，它們的價值只是或然的。在此我們要討論一個奇特現象，應該要特別處理這個現象涵蓋的主題，因為它非常棘手而且嚴肅，這個現象就是：物理學的發展已經愈來愈精確，而物理學家更是不斷轉化物理學成為一套純粹的機率系統；如此一來，物理學就成了次要的真理，或說只是一套準真理而已。這個結果使得現代物理學家（那些描繪出嶄新宇宙全景的偉大創造者）專心投入哲學研究，他們希望安置物理領域的特殊真理在更完整而且更重要的真理中。

我們開始接觸到基本真理，這個真理凌駕其他，並標記出我們的生命與真理的邊界（也就是這個世界）。我們與這個真理的接觸仍處於極度不精準且缺乏證據的階段，似乎還只是情感上如詩的模糊反應。儘管如此，這已提供足夠的暗示讓我們窺見眼前道路。

一八八〇年代的哲學，充其量只是其他各種學門的補充。當各學門面臨無法獲取清楚真理的瓶頸，它們就找來那有如萬用女僕般的可憐哲學，要求哲學以一連串模糊而煞有介事的聲明幫助它們完成工作。人們安坐於物理學裡頭，而當物理學停下腳步，哲學家就有如慣性般繼續向前邁進，並使用超越物理學的方式解釋剩下的一切。這種超越物理學的物理學就是形上學，這是物理學之外的物理學（現代英國哲學，例如羅素與懷德海的著作思想，也仍屬這種形式）。

然而，先前討論過的那些事實，顯示我們正朝相反的方向前進。我們要求所有的物理學家（以及數學家、歷史學家和政治家等）看清自身領域的限制，必須回到自我。如此一來，物理學家發現自己不只是物理學家，物理學只不過是他生命中數不盡之事務中的其中一項而已。在他的生命根本上，在其心靈最深處，物理學家終究還是人，終究要經歷人生。他難免要不斷接觸整體的世界和宇宙。成為物理學家之前，他是人，身而為人，他會思維宇宙，換句話說，無論成果是否豐碩、隨興或講究技巧、野蠻或文雅，他都必然進行哲學思考。我們的哲學之路不會帶領我們超越物理學的境地，相反的，它將我們從物理學拉回到基本的生命之上，就地找出哲學的根基。其結果不會是「在物理之後」，而是先於物理的。它乃是出於生命本身；而且我們也將清楚看到，生命無法逃避哲學思考，無論其形式是多麼基本。關於「哲學是什麼」這個問題，或許可以用下面這句話作為第一個回覆：「哲學是一種無可避免的東西。」

我之前曾經答應大家，當我們探索「哲學是什麼」這個問題，我會列出一連串可以勾勒出哲學思想之輪廓的屬性、要點與特徵，但是，時間這個破壞高手卻在我們正尋獲並發展這個概念時，在我的演講劃下終止的一刀。當時針走到終點，我不得不盡我所能來結束論證。

如果你稍作回想，你會發現我們幾乎沒有跨過那道關鍵的門檻，現在該是我們走入其中的時候了。我們之前試圖定義哲學是一種關於宇宙的知識，在當時我曾經提醒，希望這個定義不要誤導大家而錯失哲學這種知性方法獨有的基本特質。嚴格說起來，這種可能的誤導並不來自定義本身，因為該定義沒有錯，誤導其實是來自我們人類（尤其是那些熱情的種族）習以為常的閱讀與聆聽方式。在我從事了四分之一個世紀的思想創作後（我並非以古人自居，我只是剛好自十八歲就開始發表文章），我已對所有的西班牙人或阿根廷人不再抱有任何希冀：他們向來都只當閱讀與聆聽是字與字之間的自然意義或象徵意義流轉，詞與詞之間的單純意義變化。但毫無疑問，這種方式絕無法瞭解任何哲學語句。

我們無法閱讀哲學，必須「解讀」哲學，你必須反覆思考每個詞句，那意味著仔細推敲句子中的每個字；接下來，你不能滿足於字的表面意義，你要鑽入每個字，沉浸其中，你必須深究其義，徹底理解它的結構與範圍，如此一來，你才能完全明白其祕密，重新進入自由解放的境界。當你用這種方式處理句子中的每個字，這些字就不再只是左右相連而已，它們透過其中潛藏的思想根源結合，唯有如此，這些字才能真正構成哲學詞句。我們應該揚棄橫向草率的閱讀方式，並以縱向深入的方式取而代之，如此我們才能潛入每個字的深淵，完成不需配戴潛水鐘卻滿載而歸的潛水旅程。

我會試著讓你們浸淫在構成那個定義的每個語詞裡。為重回我們的理想之路，我會一再複誦曾說過的話，在這樣的過程中，我們也將能夠重新肯定並充實這些話語。這個工作非常重要，因為這是嶄新的分析，我希望用比以往更為嚴格的方法處理它。

關於宇宙或多元宇宙的知識

現在，就讓我們面對這項任務。哲學的研究對象乃是宇宙。和其他研究的對象比較起來，宇宙顯得非常奇特且與眾不同，因此，哲學家必須以全然不同於其他學門的特殊理智態度來面對它。

提到「宇宙」，我在形式上理解為「一切的存在」（everything there is）。意思是哲學家的興趣並不是每一事物的存在，不是個別存在事物的目的，換句話說，哲學家並不感興趣個別的存在，而是所有存在的集合，以及該集合的所有內含事物；同時，每個事物在該集合中的位置、功能、本質，以及與其他事物的相互關係、價值，還有它在普遍存有的至高視野裡所代表的意義。當我用「事物」這個詞，指的不只是真實存在於物理世界中的物體或生物，它同時包含不真實的、理念上的、幻想的，以及超現實的（如果真有這種東西的話）各種可能事物。因此，我選擇使用「存在」（to be）這個動詞，我甚至不使用「所有的實存」（all that exists）這種說法，我使用的是「所有的存在」（all there is）。「存在」這個詞為我們圈出最寬廣的界線，囊括所有可能的事物，甚至是那些可能存在但卻不實存於世界上的東西。例如「方形的圓」、「無刃或無柄之刀」，以及詩人馬拉美（Mallarmé）所描述的怪異事物，像是存在於鐘面外的「鐘點」，或是「身為女人但又不是女人」的完美女人等等。關於「方形的圓」，我們只能說它並不實存於世界，然而，既然我們可以表達「方形的圓」這個句子，表示我們一定思考過它，也因此，在某種意義下它必然存在過。

我曾說數學家或物理學家的研究，都是先從界定研究對象開始。在數學家的定義中，像是對「數」、「群」，或任何他們想作為對象的定義，我們見到事物最基本的屬性。同樣的，物理學家對物質的研究也是如此。

這些學門的研究起點，都是先劃分與縮減問題，實際作法是事先知道（或相信他們知道）研究對象的最重要面向。接下來，他們僅研究對象的內部結構及細部特徵，好比是組織學。相較之下，當哲學家開始尋找所有的存在，他面對的是基本、絕對而且沒有邊界的問題。他對尋找的對象，也就是宇宙，一無所知。

讓我們精確定義到底哲學家對什麼一無所知。以下我們將以最仔細的方法釐清哲學問題最讓人感到奇異且獨特的那面。

第一，當我們自問「所有的存在」包含哪些事物，我們完全不知道「所有」會是什麼。我們唯一知道的，就是世界有這個、那個和其他東西，而這些都不是我們所欲尋找的。我們要尋找的是整體，但我們尋獲的卻總不是那個整體。我們對這個整體一無所知，綜覽已知的事物，或許我們缺少的正是對我們最重要的部分，即是「所有的存在」中最重要的部分。

第二，我們不知道的部分，還包括「所有的存在」是否真的是個整體，也就是宇宙?或者說「任何的存在」（whatever there is）是否能形成許多不同的整體，也就是多元宇宙?

第三，我們不知道的甚至更多。我們並不知道「任何的存在」究竟會形成單一宇宙或多元宇宙。當我們展開知性的探索旅程，也不曉得它是否是在本質上可理解的?換言之，我們並不知道這個問題是否可解。**我懇求大家不要輕忽我剛剛說的話**。這些特點乃是哲學思想最奇特之處，它不僅讓哲學擁有獨特的靈魂，更是區別哲學與其他思維模式的主要因素。

其他學門不會懷疑研究的對象究竟可不可知，它們充其量只質疑可否清楚理解研究的對象，有時候可以在普遍問題中找到某些特殊的、不可解的問題。例如數學就存在一些證明為無解的問題。科學家的信念是相信可以理解其研究對象。這種信念絕不只是人類模糊的自信而已，它是構成科學的要素之一。這是科學固有的特質，它使科學定義問題時，同時確定瞭解決問題的一般方法。

換言之，對物理學家來說，只有原則上可以解決的問題才是問題。對他們而言，問題的解答在某種意義下先於問題本身；處理問題的方法與過程，就是解答與知識。然而，當物理學家研究顏色、聲音，以及各種透過感官感知的變化，他們僅瞭解其中量的關係，甚至可以說，這些量的關係只是空間和時間上的相對關係，更甚者，這些只是物理學家透過感官和可用工具所能捕捉到的近似值而已。理論上來說，這種結果實在差強人意，但物理學家卻稱為解答與知識。而且只有那些能夠測量、能夠以這種方法處理的問題，物理學家才認為是物理問題。

唯有哲學家願意承認其研究對象有可能是無法理解的，並也願意視之為自己認知態度中的重要元素。這意味著，能夠真誠面對眼前問題而不會事先馴化問題的學門，只有哲學。哲學並不像馬戲團裡的馴獸師，因為馴獸師會在獅子進場前先下藥，哲學的工作，是在叢林中獵捕活生生的野獸。

由此可知，哲學問題的範圍不只沒有限制、涵蓋無邊無際的事物，哲學問題的強度也是未決的；哲學問題不只探討「絕對」，它更絕對是個問題。當我們說其他學門處理的是相對或部分的問題時，我們不只表示它們僅著眼於宇宙的一小部分，我們更強調其問題乃是依賴於事先已知或已確定的資訊上。因此，我們才稱它是種不完全的問題。

技術性問題與實用性問題

我認為，現在我們該進行基本觀察，說也奇怪，我之前竟然都沒有和各位提過。當大家討論人類的認知或理論活動，通常都會定義它是由發覺問題到解決問題的心智活動過程。這種看法的缺點是，人們常認為此心智活動的最後階段，意即處理與解決問題的階段，才是唯一重要的，因此看輕其他階段。當大家提到科學，很容易就會當它是各種解決方法的大集合。在我看來，這是錯誤的看法。第一，如果我們以當代要求的嚴格、實際態度來觀察，我們會發現，大家很難同意我們是否曾經徹底解決了任何問題。因此，為科學下定義時，我們不應該放重點在它所提出的解決方法上。第二，科學是種過程，而這個過程在解決問題的方向上，永遠是變動且開放的，科學不是早已確定目標的既定航行，而是在暴風雨中不斷尋覓方向的旅程。第三，最重要的是，大家時常忘記，當理論活動轉變成實踐行動，當我們從發覺問題進展到解決問題，最主要的重點其實仍是在發覺問題的過程上。

為什麼人們會視它為不重要的細節呢？人們應該有各種問題，而且這看法似乎是很自然會有的普遍想法，我們為什麼這麼覺得呢？無論原因為何，我們都清楚看出：「問題」才是科學的核心。其他一切都只是次要。如果我們細細咀嚼那些矛盾事物帶來的智慧樂趣，我們承認，科學中最沒有問題的就是問題本身，其他的一切（尤其是問題的解決方法），都可以說是不穩定且不斷搖擺、改變的。每門科學基本上都是由諸多問題構成的系統，這些問題本身幾乎是歷久不變或只有些許變動。那穿越世代並在不同心靈之間流傳的，正是這些有如寶藏般的問題，科學的漫長歷史中，這些問題也一度扮演繼承與維護傳統的關鍵角色。

剛剛說的只是幫助我們作更基本考慮的墊腳石。若人們當理論活動是解決問題的方法，而不注意其根源，也就是問題本身，人們就會犯下錯誤，這種錯誤來自於對「人類應該有各種問題」這個奇妙事實的無知。大多數人都不曉得如何區分「問題」這個詞的兩種意義。生命會為人類帶來問題，這是亙古不變的道理，然而這些問題並不是人類創造出來的，而是外在環境加諸於人類身上的，它們是人類在生命活動中面對的問題，即是實踐的問題。

讓我們分析實踐的問題產生時的心理態度。宇宙的實在界包圍著、禁錮著每個人，我們的一舉一動也都完全浸沉其中。突然，我們會產生想要改變周遭實在界的衝動或欲望，例如當石頭擋住前方去路。這裡的實踐問題，就是該如何以新的實在界，即是沒有石頭阻擋的路來取代舊有的實在界，換句話說，我們必須要創造現今不存在的新東西。實踐的問題就是心理態度，我們透過這種心理態度來計畫並改變周遭的實在界，我們運用它創造現今尚不存在，但將對我們有助益的新事物。

實踐問題和理論問題產生時的心理態度非常不同。產生理論問題時，我們通常會問：「這個或那個事物是什麼？」請注意這個奇特的心理活動。我們想要知道「是什麼？」的事物，是存在於世界中的，在某種意義下它必然是一種存在，否則我們絕不可能提出質疑。不過，很顯然我們對「它存在於某處」這個現象並不滿意，恰恰相反，它的存在位置和屬性都讓我們困惑；簡言之，它的存在讓我們感到不自在。其箇中原因為何？很明顯，這是因為它的存在本身並不能構成充分的理由。如果它就只是表面上看起來那樣，如果在它的表象背後不存在足以支持並使它完備的理由，那麼我們就會認為這是種令人無法理解的存在。換句話說，這是不該如此的「偽存在」。因此，理論問題一定要從確切的存在事物出發，否則它就不會視為是應然，也不會視為是種真實的存在。那麼，就讓我們強調其背後的衍生意義：理論的起始點，乃是透過破壞與摧毀世界來否定實在，其理想就是要把世界打回虛無、讓世界回到創始前的狀態。由於世界的存在讓人感到驚奇，因此我們的目標就是要循著世界的發展過程回溯本源。如果說實踐性的問題是要轉變、消除現存的事物本質以因應實際需求，那麼理論性的問題就是要找出、回歸那看不見的事物本質，在我們找到本質之前，它的不充分侵擾了我們的智性。

我認為，所有理論活動都具有這種大無畏的基本特質，它引領人類暫時否定某些存在並轉化成問題，也因為這樣，我認為理論活動不能被化約成任何實踐目的。這表示在生物性與功利的人性中，還存在著大膽且好動的另一面。擁有這種特質的人類，不會為求一己之便而利用現實環境，相反的，這種特質的帶動下，人類會以無窮的問題來取代世界的平靜，使得世界更加複雜。人類對於理論的喜好與依賴，可以說是宇宙中的根本事實。功利主義無法解釋這種理論活動，儘管功利原則幾乎可以解釋所有的人類活動，但是任何想要以功利角度解釋人類理論活動的嘗試，必定會徒勞無功。你千萬不要認為人類之所以提出理論問題，一定是基於某種必然或現實原因。如果真是如此，為什麼動物不會提出理論問題呢？動物不是也同樣面臨並意識到許多現實問題嗎？理論問題與實踐問題各自有著截然不同的根源，我們無法將它們化約成相同問題。反之亦然，一個沒有欲望、需求與興趣的人，一個僅有理智以及純粹理論問題的人，也永遠無法察覺什麼是實踐問題。

完成這項基本的觀察，我們要立刻應用在「哲學是什麼」的探討上，我們發現，如果「將事物轉化成問題」是我們這種「理論人」（homo theoreticus）的認知活動中不可或缺的特質，那麼毫無疑問，當問題愈是問題，其理論態度也愈是純粹。反之亦然，當一個問題只是局部的問題，處理該問題的那門科學就會保有實踐態度的痕跡、盲目功利主義的痕跡，以及想要行動但卻不想純粹沉思的痕跡。純粹沉思是專屬於理論的活動，從根本的意義上來看，它完全就是如此。

由於哲學問題是唯一的絕對問題，哲學態度也因此成了唯一純粹且基本的理論態度。哲學是最努力前進的知識，它是知性上的英雄主義。哲學家不願意踩在所謂的安穩基石上，他拋棄先前所有的安全基礎，置身在絕對的危險中，他銷毀犧牲自己的天真信念，讓自己的生命毀滅而後以純粹理智運作的方式重生。他可以像聖方濟（Francis of Assisi）說的：「我所需極少，少之又少。」或者他也可以如費希特（Fichte）所言：「正確的說，哲學不是生活，而生活也不是哲學活動。」不過，在全新且基本的意義下，哲學包含生活在內，至少我的哲學如此。

我們面對的問題是絕對意義的問題，它從一開始便承認問題可能無法解決，在我們看來，宇宙或任何可能的存在都可能是無法理解的。它們之所以無法理解的原因有二。第一，正如實證主義、相對主義以及批判主義普遍相信的：我們的認知能力可能有限。第二，大多數我們所熟悉的知識理論都忽略了宇宙之所以不可知的可能理由：也許我們的智慧沒有限制，但這個世界、這個存在狀態、這個宇宙本身，卻有可能是非理性的存在，也因此，它將是思考不能及的。

泛邏輯與必要理性

直到最近這幾年，沒有人試著重新以全盛時期的古典方式處理知識問題。康德是最敏銳的天才，曾經對知識問題做出永久性貢獻，然而，避免全面化看待問題的最主要推手，卻也是康德。今天，我們覺得奇怪並且無法接受：人們在以局部方式處理知識問題的同時，竟然也對普遍問題產生逃避心態。我自問有哪些及多少主題是人類可知的，我必須先理解知識是什麼才行（無論認知的主體是誰）。唯有如此，我才能明白在人的特殊情形中，是否滿足了那些能夠讓知識成為可能的普遍條件。自偉大德國思想家哈特曼（Nicolai Hartmann）發表著作後，我們承認，人類必須先確立「可知性」（knowledgeability）的基本條件才行。我們可以用那句眾所周知，但卻平凡無奇的名言簡單定義知識為「事物與認知的符應」（adequatio rei et intellectus），換言之，那是思想與存在之間相互吸收與同化的狀態。然而我們知道，最低限度的交流僅夠產生象徵性的知識，這種型態的知識，思考本身與其所思考的實在對象之間幾乎毫無相似性可言。就像是兩種語言各有著不同文字，而我們卻對其相應或平行的意義感到滿意一樣。總而言之，如果兩種不同語言之間不存在相同的形式結構或部分共通的文法架構，它們之間便無法產生對應關係。

同樣的情形也發生在知識上：即使是最簡單的知識，其認知對象與思考過程（或者稱為認知者的主觀狀態）之間也必定存在某種最低限度的同化現象。唯有當心靈結構與世界結構間出現某種一致性，唯有當思想與世界中的存在物或多或少相符，世界才有可能進入心靈。如此一來，剛剛提過的那句學院派名言就新添了嶄新且嚴肅許多的意義。這裡考慮的意義，並不是它一直以來那種無聊的瑣碎意義：「當理智認識某事物，它便反映出該事物的某些特質，也就是說，理智會複製該事物」；我們真正關心的，是更深層的根本條件，若沒有滿足這些條件，上述情形根本不可能發生。事實上，如果外在的現實世界與思想之間不存在任何相似性，我們的思想就不可能接收、複製外在的現實世界。因此，這裡又有新的想法，我認為思想與世界之間的符應一定得是相互的；思想與其思考的事物間定有某種一致性，而唯一可能成立這種情況的，就是該事物本身也要和思想有相似的結構。

由此可知，所有的知識理論，即使它本身不願意或者沒有意識到，都應該是某種存有學（ontology）才對（關於知識的研究的科學），換言之，該學說一方面探討存有是什麼，另一方面也問對於存有（一個存有或個殊的事物）的思考是什麼，並且比較分析兩者。據此發現，人們有時認為思想活動是存有的結果，這是實在論（realism）的立場；而有時存有的結構則是源於思想本身，這就是觀念論（idealism）的立場。然而不論哪種立場都同意（雖然它們沒有意識到這點）：如果要找到知識的依據，就一定要發現思想與存有之間的共同結構關係才行。因此，康德總結《純粹理性批判》（*Critique of Pure Reason*）時說了這句話，雖然它充滿技術性辭彙，但我認為它是最謙虛真誠且清晰無比的：「經驗（或思想）可能性的條件，與對象（存在或現實）可能性的條件是相同的。」

我再次重申，唯有透過上述方式，我們才能處理所有嚴肅的知識問題，才能看清背後那齣充滿理想與張力的戲劇。存有的結構有可能和思考本身完全一致，也就是說，存有和思考這兩者的本質與功能可能相同。這種看法是理性主義的根本主張，也是知識的樂觀主義之極致表現。若真是如此，那麼僅思考思想本身便可產生知識，所有的外在事實與思想內部分析的結果一致，因為這些外在事實與思想都遵循相同的法則或邏輯。因此，亞里斯多德認為上帝，即宇宙之原則，不外乎是「思考自身的思想」（noesis noeseos），換言之，上帝只要思考自身，便能認識祂的宇宙。根據這種看法，實在界乃是由符合邏輯之事物所構成，如同站在哲學史另一極端的理性主義者、泛邏輯主義者黑格爾（Hegel）所說：「凡存在者皆合理」如果我們還想多看看這種失衡的哲思方法，讓我們一瞧萊布尼茲在《人類悟性新論》（*New Essays on Human Understanding*）中的最後幾句話吧。這位偉大的樂觀主義者認為，那些真實存在但卻超越我們認知範圍的未知事物，其存在方式與結構和我們已知的其他真實事物並無不同，而所謂已知的真實事物，指的是和我們思想一致的存在物。在我看來，這種說法乃是理智烏托邦主義（intellectual utopism）的典型範例，換言之，這種說法可說是瘋狂的信仰，它盲目相信思想可以穿透無邊無際之現實世界的每個角落，它認為無論思想觸及何處，該處都與思想本身相符。然而，如果真是這樣，我還需要留待日後再探尋那未知的真實嗎？如果真是這樣，我早就可以預期到它的存在，並知道它如何運作了。

和這種樂觀主義擁護者相對立的，就是極端的懷疑論者，對他們來說，思想與存有之間完全沒有一致性，他們認為人類不可能有所謂的知識。在這兩種極端的立場間，我們將建立最為謹慎的立場，根據這種立場，存有與思想之間只存在部分的一致性，也就是說，只有少數事物具有與思想相同的運作方式，那就是依循邏輯。持這種立場的知識理論將可以小心地、確切地、如實地劃分出思想與宇宙間的一致性與歧異性，它描繪出一幅客觀的地圖，告訴我們世界中有哪些是思想可以穿透的地方，又有哪些是思想無法洞悉的非理性區域。舉例來說，數字就是很特殊的存在物，它和理性法則之間有許多一致性，多到甚至讓人們相信所有的數學都是理性化的，可以純粹透過邏輯來建構所有的數學。

我們正在最偉大的時代，經歷有史以來最輝煌的理智戰役。如果從遙遠的未來回首觀看，這場戰爭及現代物理學將共同為我們的時代帶來光榮與尊貴。我以布勞威爾（Brouwer）以及韋爾（Weyl）兩人，他們證明了數字的一致性與概念的一致性部分不相容。因此，數學的邏輯化或形式化是不可能成功的，數學必須要忠於其研究對象的特性，數學不具有邏輯性，它只具有純粹的數學性，人們稱之為「直觀主義論者」（intuitionist）。

如果我們從數學開始、並繼續探討更複雜的事物，像是物質、有機生命、心理現象、社會活動與歷史變化等等，我們將發現其中非理性所占的比例，或是純粹理智無法穿透的程度跟著增加。我們探討的對象大到跟宇宙相當時，其中充滿反叛且無法讓人透過純粹之傳統理性來理解的部分也可能達到最大。物理學中，理性還算是自由舒展，但柏格森曾說過一句讓人感到敬佩的話（儘管他說此話的動機並不值得敬佩）：「物理學之外的理性，必須接受良知（good sense）的檢視。」柏格森所說的「良知」，就是我以正式術語稱呼的「必要理性」（vital reason）。嚴格說起來，「必要理性」是比「良知」更為寬廣的理性。在「必要理性」的面前，許多舊標準認為是理性的都只不過是非理性而已，無論是概念理性或純粹理性。

然而，如果我們定義哲學是關於宇宙的學說，或者認為建立一套無所不包之極致哲學的傾向是退回傳統形上學的舉動，那就不明智了。當一想法根據內心理想向前邁進，任何外在的反對，無論是政治的、教育的或衛生方面的反對都是幼稚、無聊且毫無理論的真實性。總體來說，當一個人抨擊某理論，而他的動機不是由於探究該理論本身而流於人身攻擊，等於自動宣告自己失去成為「理論人」的資格。如果只是在表面上探討事物而不深入追究，這種舉動實在不值得去做；為逃避問題而顧左右而言他是沒有價值的。我在此奉勸西班牙新一代的知識分子，你們一定要加緊注意上述這種現象，因為這是國家是否能得到穩重名聲與真正智慧生活的關鍵。就像一部西班牙小說中的主角說的：「其餘的都只不過是馬車的油漆罷了」。

這種定義下的哲學，這種必須事先承認其研究對象可能是不可認知的哲學，有可能不是好的哲學。但那種退回到傳統形上學的哲學也是如此。就我所知，哲學的立足點從來就不曾這麼謹慎並樂於接受批評。然而，無論你喜不喜歡，我們這些忠於此種英雄式認知與思考方式（此乃哲學之本質）的人，不能只滿足於謹慎小心，我們還必須力求完備。必須謹慎，但不必猜疑，一切只需要自然而然保持謹慎即可。面對宇宙時，我們不需要像鄉民般疑神疑鬼。實證主義就是這種村落小鎮式的哲學。如同黑格爾所說：「害怕謬誤，本身就是一種謬誤。細究之，其原因乃是來自內心深處對真理的恐懼。」準備好要面對理智上極端風險的哲學家，必須絞盡腦汁、運用一切自由，從桎梏中解放自己，包括面對形上學出現的陳腐疑慮。因此，我們不放棄任何批判的嚴謹性，恰恰相反，我們必須推展嚴謹性到極致，並且保持著簡單樸實的姿態，不去強調自己有多重要，也不以批評家自居。我們和所有同世代的人一樣，都厭惡空洞且誇張的態度，以及到處可見的無用姿態。最重要的是，我們必須表現自己的本性，不賣弄炫耀，並以清醒的誠實態度揚棄任何自我炫示的欲望。

闡述每個概念時，我們都應該抓緊阿麗雅德妮的絲線（Ariadne's thread）[1]才不致迷失方向，就讓我們用最初的說法來總結所說過的話吧，和之前相比，這個說法對現在的你來說顯得更有意義。哲學是關於宇宙或「所有之存在」的知識，而在展開探尋的那一刻，我們既不知道究竟世界之中有哪些存在，也不知道這些存在是否會形成單一宇宙或多元宇宙，我們更不知道是否可認知宇宙。

如此看來，這似乎是瘋狂的事業。我們為什麼要走上這條路呢？放棄

1 譯注：希臘神話中阿麗雅德妮公主送給心上人一捆絲線，讓他在迷宮中標記退路而不迷失。

哲思並專心於單純生活，難道不是比較明智的決定嗎？不，事實恰好相反。對古羅馬的英雄來說，生活乃是無關緊要的，航海闖蕩才是不可或缺。人類永遠可以分成兩類，比較優秀的人將發現，多餘的東西才是最有必要的。在東方一處小巧天井中傳來了耶穌的聲音，祂以宛如山泉般甜蜜美好的聲音警告我們：「馬大啊馬大，不可少的只有一件。」在忙碌又能幹的馬大面前，祂所指的就是那可愛且「多餘」的馬利亞*。

* 注：「馬大！馬大！你為許多的事思慮煩擾，但不可少的只有一件；馬利亞已經選擇那上好的福分，是不能奪去的。」路加福音10：41—42。

第五章

對哲學的需求

臨現與共在

根本的存有

自律性與汎律性

神學家對神祕主義的辯護

陳述哲學問題的過程中，我們發現它是所有問題中最基本且重要的，它可說是一切問題的原型。另一方面，我們也看到，當問題愈難解，人們用以面對、審視該問題的認知與理論態度就愈純粹。因此，哲學乃是最出類拔萃的理智運作形式，相形之下，其他所有學科（包含數學在內）都帶有實踐性的味道。

然而，哲學的純粹性，它充斥著無與倫比的智慧英雄主義色彩，難道不也為它帶來某種怪異甚至狂亂的特質嗎？當人們決定面對如此特殊的哲學問題，他們是否能夠保持自我的良知呢？我們必須承認，在各項事業中，哲學的成功機率是世界上最小的。哲學可說是瘋狂的事業。既然如此，我們又何必嘗試它呢？為什麼不滿足眼前的生活、放棄哲學思考呢？如果解決哲學問題的機會不大，哲學就等於沒有用處，我們也就不需要哲學了不是嗎？

對哲學的需求

我們或許同意這樣的說法，但必須承認另一個事實：對有些人來說，真正不可或缺的其實是多餘的事物。我們回想有用的馬大與多餘的馬利亞之間的神聖對立。事實上，這種針鋒相對的二元對立並不存在（這也是耶穌的話所暗示的道理），生命本身，也就是包含所有有機或生物之生命，並不能從效用的角度來理解，我們必須認清生命是帶有戲謔特質的一種無限現象。

那麼這種稱作哲學思考的重要活動，它是必要的？還是不必要的？如果「必要」指的是對某些事物「有用」，那哲學就不是最必要的。然而，「必要」和「有用」是相對的，事物是否有用以及其必要程度，端視最後的目的而定。真正的必要性，是來自每個存在生命對其存在本質的感受，例如鳥之於飛行、魚之於游水，以及人之於哲思。人類渴望行使這些「人之所以為人的本質功能與活動」，這種渴望乃是人類最崇高且重要的需求。因此，亞里斯多德毫不猶豫地評論各種科學：「它們都是必須的，但它們都不優秀。」（Metaphysics 983-10）在《智者篇》中，柏拉圖為了以最大無畏的方式定義哲學，他在最後他思想最嚴謹的生命階段裡滔滔說到：「哲學是自由自在的知識」（he episteme ton eleutheron）。如果柏拉圖在此時再說出同樣的話，人們會如何反應呢？當年希臘的公共競技場，蘇格拉底（Socrates）的圓顱與話語讓無數知識青年以飛蛾撲火之姿引頸齊聚，如果柏拉圖在那裡發表言論，又會遇到什麼樣的情形呢？

雖然我們對柏拉圖充滿好奇，但我們暫且放下他並回來繼續檢視我們的朋友真理吧。

雖然哲學的發展並不是基於效益，但它的成長也不是憑空幻想。哲學乃是人類心智不可或缺的要素。為什麼呢？因為哲學的目的就是在尋找各種可能存在之事物，例如探求獨角獸以及捕捉宇宙本質等等。但為什麼我們對哲學的渴求如此巨大？為什麼我們無法滿足沒有哲思的日子？為什麼我們無法滿足世界中那些人類已發現且清楚存在眼前的事物？簡單的理由是：所有存在於我們眼前的、既存的、明顯的事物，都只是一小部分、一小區塊或一小片段，都只是另一看不見事物的冰山一角。如果我們無法感覺也無法觸碰那看不見的部分，我們就無法理解它。對於每個存在物、世界中的每一枝微末節，我們都可以在其本質中發現裂痕，它們都存在一種特質：它們是某個局部，而且僅僅只是局部。我們看到它存有學上的截肢的疤痕。它們的截肢之痛，它們對缺逝部分的思念緬懷，它們崇高的不滿之情，都正呼喚我們。多年前，當我在阿根廷的首都布宜諾斯艾利斯（Buenos Aires）演講，我如此定義這種不滿之情：「宛如不受人愛的愛，宛如不存在我們身體上的痛。」這是對「我們所不是」（what we are not）的思念，這是承認我們自身的殘缺與不全。

嚴格說來，我要說的是以下這段話：如果我們任選一樣存於世界的事物，仔細觀察它的可見部分，我們將很快理解它只是片段，而正由於它只是片段，我們便不得不思索另外那個讓它變得完整的部分。因此，雖然我們看到各種鮮豔華麗的顏色，它們並不只是所見如此，它們的本質絕不只是顏色。所有的顏色或多或少需要向外延伸；它們以完全傾洩而出的方式存於世界；換言之，凡顏色，必有外延。它們只是整體的部分，我們稱為「有色彩的外延」或「外延的色彩」。然而外延本身，也絕不會僅是色彩的外延。為了作為如此存在，它的背後必須存在另一種已然伸延並擴展開來的事物，一種能夠作為支撐、作為基礎，並同時支持著色彩及其外延的存在物。就如同萊布尼茲談論笛卡兒時所言：外延本身需要預設某種已經延伸之事物（extensione prius）。就讓我們依循傳統，稱這種支撐著色彩的事物為物質吧。

臨現與共在

說到物質，我們好像終於觸及某種自身完足事物。物質不需要其他事物支撐。它獨立存在，不像色彩那樣需要透過其他事物（物質）才能存在。然而，我們此時生起疑問。物質一旦存在後，是自足的，但它既不能憑空而生，也不能透過自身力量自我生成。一定是藉由某種力量才會產生物質，要不然，我們實在難以想像其他可能性，好像是見到飛箭，必然會尋找射箭手一樣。因此，就算是物質，也同樣是某個更龐大之運作過程的產物，它的背後存在更寬廣的實在，透過這個實在，物質才得以完整存在。事實上，這些都瑣碎不重要，我之所以提到它們，只為澄清我們目前討論的概念。

另一個例子似乎更清楚且貼切。當我們知覺到這個房間，會覺得有關該房間的一切都已包含其中了。至少在視覺上，我們會認為它似乎是完整且自足的事物。它包含我們看到的一切，除此之外別無它物。也就是說，當我們看到這個房間，並分析自己的知覺內容，我們至少會認為眼前所見色彩、光線、形狀與空間似乎就是全部。然而，假如我們要離開房間，卻發現房門外竟然沒有世界、空無一物，甚至連空間都不存在，我們將無比震驚。但這是為什麼？如果在我們心中，房間就只是我們身處其中看見的一切，為什麼發現房間外不存在其他建築、街道、城市、大氣等事物時，我們會震驚呢？很明顯，除了那些直接臨現的房間內部形象，我們的知覺還包含背景，儘管該背景是潛在且模糊的，但一旦缺少它們，我們便若有所失。換言之，即使是如此簡單的知覺活動，不能稱這個房間是完整的事物，它只是前景，其背後還存在難以察覺的背景。雖然這片背景是隱而不顯的附屬存在，但它仍然是不折不扣的真實存在，並且籠罩著我們實際所見之一切。這種模糊且包圍一切的背景並不直接呈現，但它卻與眼前事物共同存在。事實上，我們看見任何事物時，該事物一定都是出現在潛藏的背景中，那是模糊、巨大、邊界不明的背景，簡言之，所謂的背景就是世界，就是該事物所屬的世界，就是該事物以片段之姿存在的這個世界。在任何情況下，我們看到的都只是汪洋中可見的一小岬角，潛藏的世界將它推向我們。因此，我們根據這個觀察得出普遍法則：當某件事物臨現，世界總是與之共在，並籠罩著它。

當我們向內觀察自己的內心世界，我們也會發現同樣現象。在任何當下，我們見到的內在都只是一小片段，包括我們正在思索的想法、感受到的痛苦，以及我們經歷的情緒等等。我們見到的各種內在又多又亂，那只是我們向內觀視捕捉到的事物，相對於完整且實然的自我，它們只不過是突出的山肩一般，其餘的部分都隱藏在背景中，此背景有如巨大峽谷般壯麗，也如綿延的山脈般遼闊，任一時刻，我們都只能瞥見全景之一隅。

根本的存有

那麼，根據目前的瞭解，世界只是一連串所見事物的集合。我們此刻看不見的，就是當下所見這些事物的背景，片刻，我們眼前那些清楚且直接之事，又會換成另一批。然而，如果每個當下都只是片段，如果世界只是這些片段的集合，表示這整個世界，也就是我們所能感受覺知的一切集合，所謂「我們的世界」，其實也只是片段，它雖然寬碩巨大，但它仍然只是片段而已。這個世界甚至無法自我解釋，恰恰相反，當我們以理論的態度面對世界，我們感受到的就只是……疑問而已。

這個問題的棘手之處在哪？有個古老的例子：水中的筷子看起來曲折，但摸起來是直的。雖然人類的心智只想接受這兩種現象中的一種，但它們都不向對方示弱。由於無法依賴其一並找出解決之道，人類的心智因此感到極度痛苦：心智最後的自救方法，即視兩者為表象。這種關於存有與非有的矛盾意識，正是問題的棘手之處。如同哈姆雷特所言：「存在或者不存在，正是問題所在。」

我們雖然感受到世界的存在，但它卻是非自足的；世界不但無法支撐自身存在，更疾聲喚求它欠缺的部分；世界宣告它的「非有」，要求我們進行哲思。畢竟這就是哲思的本質，即是尋找並賦予世界完整性，建構整體好讓世界可以安身休憩，最後使其成為完整的宇宙。世界是斷碎且不自足的物體，它的根基並不是它本來就具有的，而是建立在自身以外的事物上。嚴格說來，這個作為世界之根基的事物其實擔負某種開創性任務，因為它是最根本的存在。正如康德所說：「當我們面對有限，無限就成了問題。」現在終於見到關鍵的哲學問題，以及鼓舞我們向前邁進的心靈需求。

當我們面對這個僅是假設而非既定的根本存有，奇特的狀況應運而生，在此讓我們先專心思考這個奇特狀況。我們不能夠只認為這「根本存有」是目前世界的某一未知事物，但或許會在未來顯現。本質上來看，所謂的根本存有並不是一種與料（datum），它從來就不是理性可以觸及之事物，它是所有現存事物缺乏的那部分。那麼，我們該如何理解它呢？拼花圖案缺了一片，我們可以觀察整幅圖案以發現欠缺的部分：我們看見的是它的缺如；它是以「缺如」的方式臨現。同樣的，根本存有就是那外在、基本的缺如部分，就是世界永遠缺少的那塊角落，而且，我們見到的只是象徵它消逝的傷疤，宛如我們只能見到殘疾者不存在的手臂。如果想要定義它，就必須描繪出傷痕的原本輪廓，補足殘破的線條。根本存有與既有的存有間沒有任何相似之處，既有存有的本質定義就是次要且奠基於其他事物的存在。相形之下，根本存有的本質定義則是完全相異、形式上截然不同的絕對外來存在。

我認為，我們不應該建立「根本存有就在我們四周」，或者「根本存有類似於既有存有」這類假象，我們必須強調根本存有具有的異質性，以及它和其他世間事物的不同處和不可比較之處。在這個意義下（僅在這個意義下），我認同那些拒絕熟悉化、日常化超驗事物，拒絕親近超驗事物的人。

哲學面對的創造世界問題，也出現於以上帝為名的各種宗教中，我們發現兩種態度，其中一種太過靠近上帝，例如聖德瑞莎（St. Theresa）幾乎讓上帝行於鍋碗瓢盆間；另一種我認為較有哲學智慧且較讓人尊敬的態度，是對上帝敬而遠之。

每當談論至此，我就會想起那令人感動的馬吉安（Marcion），也就是基督教中第一位偉大的異端創立者。雖然教會不得不稱馬其安為「撒旦長子」，但他們（在良知的引導下）卻也總是特別重視他，因為除了教義問題外，他在各方面都是值得學習的典範。就像所有的諾斯替教徒（Gnostics）一樣，馬吉安受到良心驅使，對世間事物存有的各種限制、缺陷，以及不足等性質特別敏感。也因此，他不認為至高無上的上帝會和世界有任何關聯，上帝乃是獨立於世界之外的、絕對不同的、獨一無二的存在，換言之，上帝乃是「外來者」（allotrios）。否則，上帝在道德上與存有學上的地位都會受世界的不完美與限制污染。由此可知，在馬吉安的心中，至高無上的真正上帝不會是世界的創造者，若上帝是世界的創造者，那祂就是那些不充分事物的創造者，祂本身也將是不充分的存在。關於世界，我們尋求的乃是完美的充分性。當造物者創造出一件事物，祂也將受到該事物的污染（我現在是在詮釋馬吉安的思想）。身為造物者的上帝僅是次等的力量，祂是舊約中的上帝、是涉足世間事務的上帝、是代表正義與戰鬥的上帝，這表示，祂無可避免與罪惡和紛爭糾纏在一起。另一方面，真正的上帝不是公正的，祂乃是純粹的善；祂不是正義，而是純潔與愛。祂永恆存在，與世界遠遠分離、毫無接觸。所以說，我們只能稱祂為「更奇異的上帝」（the stranger God）。不過，也正因為祂與世界迥異，才能夠讓世界達成平衡，彌補世界之不足並使其完整；正因為祂不是世界的一部分，才能拯救世界。對諾斯替教徒來說，這才是具有最高意義的神聖行為；這種神聖行為並不像異教徒心中的造物主那樣創造邪惡的世界，相反的，上帝乃是要「反創造」、消弭世界的固有邪惡，換言之，就是要拯救世界。

如果我們只是偶爾強調這兩種區別，絕對不夠。諾斯替教派僅做到如此而已，我們可以說，這只是誇大該短暫片刻。我們應該繼續回溯旅程才對。不要誤以為我對馬吉安思想有投誠之意，我幾乎無法苟同此異端思想對上帝與神學問題的見解，我之所以提及馬吉安，只當他是個例證。我們要探討的是根本的存有，這是專屬於哲學的主題。

自律性與汎律性

哲學是關於宇宙（或是任何存在）的知識。對哲學家來說，他們必須提出絕對的問題，換言之，哲學家不能以他先前的信念作為起始點，也不能預先接受任何知識。那些已知的事物已不再是問題。然而，那些哲學之外、無關哲學或先於哲學的知識，由部分而非普遍觀點而來的知識，那是次等的認知過程，相對於哲學天生就行走於高峰的知識型態，它們顯得一點幫助都沒有。從哲學達到的高度往下看，其他種類的知識都具有某些天真的相對性錯誤。換句話說，這其中又出現某些疑問。也因此，尼古拉斯（Nicolas of Cusa）才會稱科學為「有學問的無知」（docta ignorantia）。

哲學家採取的立場及極端的理智英雄主義色彩，若不融入身為哲學家不可避免的志業，他一定會感到非常不舒服，哲學家必須要讓思想產生必然的自主性。這表示哲學家不能依賴他可能預先創造出各種先於哲學的立場，同時，他也要保證自己不會立基於任何未證實的預設真理上。哲學是門沒有預設立場的科學。在我看來，哲學乃是一套真理系統，任何來自系統外的、沒有經過證實的真理，都不會納入基礎。因此，所有的哲學真理都是哲學家透過哲學方法證實的。哲學是自律且獨立自足的心智法則。我稱這個特色是自律性原則。這個原則是直接連結我們與過往哲學之批判歷史的關鍵，透過它，我們得以回溯現代思潮的偉大推動者與撼動者，讓大家有資格成為笛卡兒最新的思想後裔。然而，我們對這些思想後裔的柔弱卻不抱信心。日後我們將跟隨笛卡兒懷疑各種想法。這位哲學家跨出的第一步，就是先淨除心靈已接受的信念。當他轉化心靈成為毫無任何真理存在的荒蕪孤島，他便讓自己成為荒島上的隱士，迫使自己採行魯賓遜漂流記中有條不紊的方法程序。這就是笛卡兒「方法學上的懷疑」之真義，而這種懷疑方法，也正是讓笛卡兒永遠成為哲學知識把關者的原因。這並不表示我們要懷疑所有值得懷疑的事物，即使每個有智慧的人都不斷這樣懷疑，而是我們必須懷疑那些不被懷疑，但原則上可以懷疑的事物。這種方法上與技術上的懷疑乃是哲學的手術刀，它的運作範圍遠大於一般人習以為常的普通疑慮，不受限於明顯的可疑之事，直指可進一步懷疑之事物。這也是笛卡兒著名的《沉思錄》之標題為什麼不是「論令人懷疑的事物」（De ce qu'on revoque en doute），而是「論可以懷疑的事物」（De ce qu'on peut revoquer en doute）。

於此你看到所有哲學的典型面向：它所戴的吊詭假面。所有的哲學都是吊詭，它與一般人的普通看法不同，其原因在於：對於各種重要且基本的信念、那些日常生活中一點也不懷疑的信念，哲學視它們是理論上可懷疑的事物。

一旦哲學家透過自主原則回溯至在理論上都不容懷疑的最初真理，這些真理因而證明或確認自身的真理，他的觀察對象就必須轉向整個宇宙，他必須擁抱並征服那完全的整體。那最為嚴謹且確實的基礎真理點，必須宛如橡皮一般延伸並涵蓋所有存在之事物。相對於這種小心謹慎、靜修苦行式的自主性原則，我們還要持有另一種相反張力的原則，就是普遍主義（universalism），這是人類在心智上對整體的渴求，我稱之為「汎律性」（pantonomy）。

自律性原則是否定性的、靜態的、謹慎的原則，它讓我們小心安穩的面對問題，但卻無法幫助我們往前邁進，它既無法替我們定位，也無法指出前進方向，自律性原則是不夠的。除了讓自己不誤入歧途，我們還必須做出正確的抉擇、持續推敲問題，由於我們的問題是定義整體宇宙，因此發展的每一哲學概念，都必須針對這個目標量身打造。這種做法和其他學門的概念不同，因為它們認為宇宙中的各個部分都是獨立分離的，或者只是假想的整體。當物理學鄭重地告訴我們物質是什麼，它的態度好比整個宇宙中就只有物質似的，它讓我們覺得物質就是宇宙的全部。物理學一直試著吹噓自己是純正的哲學，這種破壞性的偽哲學就是唯物論。相反的，哲學家要做的，則是尋找物質身為宇宙之片段的價值所在，他會找出每件事物的終極真理，以及該事物在整體中所扮演的功能與角色。這種概念性的原則，就是我所說的「汎律性」，或者也可稱為「整體法則」（the law of totality）。

自從文藝復興以來，自律性原則甚囂塵上，甚至過分強調這個原則的排他性，以至於遏止哲學思想的發展，使之近乎癱瘓。另一方面，汎律性原則（或是普遍主義）只有在古代哲學，以及從康德到黑格爾之間的短暫浪漫哲學時期才偶爾受到重視。我甚至可以說，這是讓我們可以與後康德時期（post-Kantian）之哲學系統相提並論的唯一要素，除此之外，該時期的理念風格幾乎完全不受時間影響。然而，這唯一的巧合卻極度重要。這相同之處，在於我們並不滿足於單純的不犯錯，同時我們還認為，成功的方式不是縮小眼界，應該是盡其所能地延伸拓展，進而將這種方法成轉變為理智上的至高原則，能夠無所遺漏的思索一切事物。自黑格爾之後，人們忘記了哲學乃是全面且完整的思想，除此之外別無其他，它具備所有的優點，當然，也包含所有的缺點。

我們所希望的哲學，是純粹的哲學，這樣的哲學能夠接受自身的命運、光輝以及不幸，除此之外，它不會妒忌地為自己四處尋找別的學科才有的優點，例如數學的真確性、物理學的應用性，和可透過感官來驗證的特性。上個世紀的哲學家之所以如此不忠於自己的信條，絕對不是偶然。那段時期中，西方世界的主要特色就是不願接受自身命運，並渴望變成另一個不是自己的角色。因此，那段時期在本質上就是革命的年代。

總而言之，我說的那種「革命精神」並不只是改革的衝動，即使這種衝動總是優秀且高貴，它還顯示人們具有「相信自己擁有無限能力以擔當另一個不是自己的角色」之信念，此外，它也代表人們相信自己只要能構思世界與社會的最佳秩序與情境，就會達成與實現這些可能性；然而，人們卻沒有發現，社會與世界都存在一些本質上無法改變的結構。這些事實不但讓我們的改革想法不易實現，更讓沒有注意到這些事實的改革行動顯得瑣碎而不重要。這種烏托邦式的革命精神試圖改造事物，使它們變成永不可能變成、也永不可能有理由變成的事物，對此，我們應該要以品達（Pindar，西元前522-443年，古希臘抒情詩人）推行的偉大倫理原則取而代之，他在詩中清楚簡潔地說：「排除萬難做自己。」

哲學應該要對自己的卑微角色感到滿足，拋開不屬於自己的知識美德，其他的求知方式才有可能閃耀原有的光輝。哲學表現出想擁抱並涵蓋這個宇宙時，雖然乍看之下有些瘋狂，但它仍是謙虛審慎的學問。所謂的宇宙（或者所有之存在），並不是所有事物中的「每一事物」，而是每一事物的普遍性面向，因此，可以說宇宙只是每個存在的一個面向而已。在這樣的意義下（唯有在這樣的意義下），哲學的對象是局部性的，唯有透過這種局部性，每個存在才能回歸整體，回歸到核心的部分。我們也不妨說，歸根究柢，哲學家也是個專家，在眾多宇宙裡的專家。

正如愛因斯坦認為「度規」（metrics）是所有物理概念的基礎（由於度規是經驗性的，故它是相對的，也因此人們一開始都視它是限制，有時甚至當它是錯誤原則），哲學想要概括整個宇宙的智性雄心，也是哲學概念的邏輯基礎與根本方法（強調這點是非常重要的）。儘管乍看之下的哲學似乎是出於缺陷或瘋狂的雄心，但這卻成就它莊嚴的命運及成果豐碩的美德。對那些十分熟稔哲學問題的人來說，視這種「必須要包含整體的堅持」為邏輯原則似乎有些奇怪。傳統上，邏輯原則只包含了同一律、矛盾律、充足理由律以及排中律。這裡牽涉到非正統學說。我現在只希望你們稍微留意，稍後將見到這個非正統學說的深刻意涵及其重要理由。

不過，關於哲學概念，我們還是必須再加上嶄新且重要的特質。這項特質似乎太顯而易見了，以至於幾乎不需要做出正式論述。它是非常重要的特質。我們稱哲學是理論知識，或是理論。所謂理論，則是由一整組概念構成，這裡指的概念是嚴格意義下的概念。在這種嚴格的意義下，概念定義成是可用語言表達的心靈內容。那些無法訴諸文字的、無法表達或言說的，不是概念。或許那種不可言傳的知識才是你真正想要追求的（其中可能包含了最至高無上的知識型態），但那種知識卻不是哲學希望探究的對象。以普羅丁（Plotinus）和柏格森的哲學思想為例，他們透過概念傳達訊息：真正的知識來自於意識的出神狀態，在這個狀態中，不需要經由任何媒介或間接的概念活動，意識就可以超越理智或觀念的極限，直接接觸到真實的實在。關於這點，我們必須說，如果他們能夠以「非出神」的方法證明出神狀態的必要性，那麼我們就願意稱之為哲學，但若他們只是直接從概念跳入神祕的出神狀態，那麼這就不是哲學。

神學家對神祕主義的辯護

大家都記得閱讀神祕主義作品時感受到的誠摯。神祕主義作家帶領大家歷經奇妙無比的旅程。他告訴我們，他曾到過宇宙的中央，到過那絕對的核心。他主張大家追隨他的腳步。當我們滿心歡喜依循著嚮導的指示出發，卻驚訝發現：這位曾經接觸如此特別的元素，曾經沉浸在如此驚人的世界，曾經進入宛如上帝、宛如絕對或宛如唯一的確切深淵之人，竟然沒有因此受到干擾、震驚，或失去世俗的人性，他並沒有感染任何與眾不同的新鮮氣息。當戈蒂埃（Theophile Gautier）從西班牙的旅程回到巴黎，每個人都可以從他曬成棕色的臉龐上感受到庇理牛斯山另一側的陽光。根據不列顛的傳說，那些曾經下放到聖派翠克滌罪所的人，都將不再有笑容。僵硬的臉部肌肉、那渴望一笑的認真工人，都可以證實他們的祕密旅程。然而，歷經旅程的神祕主義者卻沒有出現任何改變，儘管充滿力量的物質曾經包圍他們，但卻沒有受到任何撼動。畢竟，如果有人說他曾經潛入海底，我們一定會試著觀察他的衣物是否沾帶著海藻、珊瑚，或各種深海動植物的痕跡。

然而，神祕主義者鼓吹的旅程讓我們產生太過美好的幻想，這種幻想讓我們放下心中暫時的奇怪感覺，並一心想要踏上神祕主義的道路。他的言語與他的道理始終誘惑我們。世界上最可怕的、技巧最純熟且精細的作家，一直都是神祕主義者。全世界所有的語言中，神祕主義者也總是古典文字專家，這實在令人不解，而且也不合理。神祕主義者都是語出驚人的演說家，他們擁有偉大的戲劇天賦。這裡的戲劇指的就是我們靈魂中的超凡張力，此種張力的來源就是那些刺激我們對未來抱持希望的事物；一步步向其邁進的過程中，我們對未來的好奇心、恐懼感與渴望都不斷倍增；隨著時間的變化更新，這些感受也跟著愈積愈高。如果我們與未來相隔的距離可以分割成許多階段（無論它們有多吸引人或多糟糕），每當我們前進一個階段，承受的張力就會重新出現並且增強。穿越撒哈拉沙漠的人會想知道文明消失的沙漠邊界在哪裡，但他們更想知道邊界存在什麼事物，以及哪些事物已然荒蕪？他們甚至對沙漠的中心更有興趣，好像沙漠中心就是最完美的沙漠代表似的。如此一來，不但不會滿足好奇心，反而會像受到運動過程之培養與鍛鍊的肌肉般愈來愈強大。第一階段出現的結果已經很有趣了，但第二階段卻更吸引人，之後亦復如此。每個優秀的戲劇家都知道，把預示之未來分割成許多片段將可帶來確切的機械式張力。也因此，神祕主義者總是把他們通往極樂的路徑分隔成許多段落。有時候它看來像座具有多層圍牆的城堡，好像是日本的盒中盒那樣疊藏了一層又一層的盒子，聖德瑞莎的方式就是如此；另外一些時候，它有如登山般歷經一峰又一峰的山巔，例如聖十字若望（St. John of the Cross）；或者它會像階梯般，每階都允諾新的視野與願景，例如聖天梯若望（the spiral ladder of St. John Climacus）。我們必須承認，每當到達新階層，我們的憧憬都會出現些許破滅：我們並沒有見到巨大的進步。不過，我們卻一直對下一階層可能帶來的新奇事物充滿希望，讓我們保持勇氣與警醒的，正是這種希望。

但是，當我們到達最後的屏障、最終的一階，也就是迦密山（Mount Carmel）[1]，一路上滔滔不絕的神祕主義嚮導告訴我們：「現在你們自己留在此處，我將進入出神狀態。當我回來時，我將告訴你們有關它的一切。」我們聽話地等著，心中充滿期待，希望他甫自神祕的深淵回來時，我們可以親眼見到他身上沾帶的神祕色彩，並從他的衣服上清楚聞到那來自世界另一側的風之氣息。現在，他回來了，他走向我們說：「嗯，你們應該知道，我無法告訴你們任何事情，因為我所見的事物乃是無法描繪、

1 譯注：迦密山是以色列北部的一座山脈，原意是「上帝的葡萄園」，例代的帝王與先知都曾在此築壇祭拜。

不可言說，也不應該記敘的。」這位總是口若懸河、能言善道的神祕主義者，竟然在最關鍵的時刻啞口無言；更常見的糟糕情況就是，他只從另一個世界帶回無關緊要的訊息，這些情況幾乎降低了「另一世界」的聲望。德國有句諺語說：「遠行而歸者，必能言其所見。」然而神祕主義者從他奇異的旅程歸來，卻沒有（或幾乎沒有）帶回任何能與眾人分享的資訊。我們原來只是浪費時間。古典文字專家變成了無言專家。

關於這一點，我認為大家應該對神祕主義抱持嚴謹的態度。在嚴格的意義下，這種嚴謹態度不包括當神祕主義是種迂腐的精神病學病例，也不包括對神祕主義產生先入為主的排斥。相反的，我們應該要接受他們的提議並假設他們的言論真確。神祕主義者認為他們可以得到超越實在的知識，如果這種在極樂狀態下所獲得的智慧戰利品確實比理論知識更具有價值，我們將毫不猶豫的放棄後者並全然接受神祕主義。可是神祕主義者卻只告訴我們瑣碎且極其單調的東西。神祕主義如此回答這種批評：在極樂狀態中獲得的知識乃是超越所有語言的知識，那是至高無上的非語言知識。這種知識只有透過個人的親身體驗才可能得到。神祕主義著作和科學著作的不同之處在於，它不是一門有關超越真實存在的教條主義，而是一幅尋找真實存在的路線圖，一種方法的講述，一套讓心靈能夠觸及絕對的旅程計畫。神祕主義的知識是不可轉承的，它在本質上是沉默的。

但是事實上，我們也不應該因為神祕主義太過強調沉默與不可轉承的某一類知識特質，就提出反對。我們眼睛所見顏色以及耳朵所聞聲音，事實上都是不可言喻的。真實色彩的特殊色調無法用言語表達；唯有透過親身看見色彩，才能夠明白看見色彩時的感受。世界上的各種色彩對我們來說是如此清楚，但我們卻無法傳達這種色彩感覺給盲人。如果我們拒斥神祕主義的理由只是因為他們無法言傳所知，那麼這是我們的錯誤。我們必須要徹底根除那種「民主式知識」的想法，也就是「唯有眾人都相信我才願意相信」的想法。不！有些人就是能比其他人見到更多事物，如果這些人及其所知的確較為優秀，那麼其餘的人也就只能接受。換句話說，看不見的人必須要信任看得見的人。

但有些人可能會說：「我們如何能知道他們真的看到了旁人看不到的事物呢？畢竟世界上充滿了騙子、愛慕虛榮者、詐欺以及瘋狂之人。」對我來說，要找到此中的判準似乎不太困難。假如能見我所不能見的人，真的因為他見到與知道的事物而呈現明顯的優秀，那麼我就願意相信他。換言之，我是以其結果作為判準。因此，你們要注意，神祕主義之所以不太受人尊敬，並不是因為它不可言說與不可轉承的神祕認知過程，在稍後，我們會見到其他認知型態，這些認知型態一樣具有不可用語言溝通的特質，但它們卻一直能讓沉默的俘虜感到愉悅。我之所以反對神祕主義，是因為它們的神祕經驗並沒有為人類帶來任何心智上的好處。還好，有些神祕主義者變成神祕主義者之前曾經是超凡的思想家，例如普羅丁、艾克哈特大師（Meister Eckhart）以及柏格森；這些人都有著多采多姿的豐富思想、邏輯與各種表達方式，相形之下，他們在極樂狀態中所發現的卻是貧乏至極。

神祕主義傾向於探索深奧的事物，並臆測深不可測的特質；至少我們可以說，神祕主義受到了這些事物的吸引並充滿興趣。哲學則是完全背道而馳。哲學不喜歡像神祕主義那樣沉浸在深奧晦澀中，相反的，它希望從深層浮出表面。哲學其實和一般人的刻板印象不同，它非常著重表面性，也就是說，對於那些隱蔽的、神祕的、沉潛的事物，它極為努力的以開放、清晰且明確的方式帶到表面上來。它厭惡神祕主義及宣揚者呈現出來的危言聳聽姿態。哲學可以引用歌德（Goethe）的話對自己說：「我決定成為致力於轉晦澀為清晰的人。」

哲學對透明清澈、朗如晴天般的知識充滿無比的嚮往與決心。他的基本主張，就是要闡述那些隱蔽的事物道理，並帶知識回到表面，希臘哲學最初自稱為「重現、揭露以及破除隱蔽的過程」。而這種表明與顯示的過程就是對「道」（logos）的闡述。如果神祕主義是保持沉默，那麼哲學就是用最赤裸與清晰的語言文字表達，並發現事物的存在本質，那就是事物之存有，即是存有學。與神祕主義相比，哲學喜歡成為可以高聲宣揚的祕密。

我記得在幾年前寫過這樣的文字：「我完全理解而且也部分同意教會不同情神祕主義的立場。教會之所以對神祕主義缺乏同情，似乎是害怕神祕主義著迷般的狂喜探索過程會降低宗教的聲望。那種極樂狀態，或多或少是種瘋迷狀態。因此，神祕主義者比喻自己比喻是酒醉之人。他們欠缺方法和清澈的心智。他們加入狂歡的特質到人與上帝的關係中，這種做法引起內心靜肅之真正教士的反感。事實上，幾乎所有的儒家之士也都對道家的神祕主義感到不屑，這種情況像是天主教神學家厭惡那些相信自己能在狂迷狀態中得到啟發的尼姑一樣。在所有的教團中，騷亂的鼓吹者喜歡神祕主義那種酩酊大醉式的無政府狀態，對於教士（也就是教會）清楚且有秩序的理智，他們興趣缺缺。很遺憾的，我並不能苟同神秘主義者的偏好。我遠離他們的原因，是來自我對真實問題的探索。任何一套神學，似乎都比所有神祕主義之出神體驗的加總，更能為我們帶來關於上帝的訊息，以及更多神聖的暗示與註解。」

「就像我曾經說過的，當我們以懷疑的方式接觸神祕主義的出神狀態，我們必須先試著聆聽他們的說法，並接受他們超驗的沉浸經驗（無論那是什麼），接著仔細看看他們提供的是否值得。然而我必須說，跟隨著神祕主義者完成他的崇高旅程後，他能告訴我們的只不過是些雞毛蒜皮之事。我相信當代歐洲人民的心靈正體悟幾近全新的上帝經驗，也正面臨與所有之真實存在有關的重要發現。在這個過程中，我深深懷疑神祕主義的祕密道路是否真的能幫助我們豐富那些與神聖有關的想法，我相信唯有光明的理智推論才能產生幫助。我的選擇是神學，而不是出神的狀態。」

我樂見德國新神學運動的覺醒，巴特（Karl Barth）的著作中，他強調神學乃是「與上帝說話」，而不是對其保持緘默。

雖然我說了這些充滿保留的話，但我並不認為自己是在貶抑神祕主義思想家的思想。其他不同的意義與面向之下，他們仍然充滿趣味。今天，我們比以往更需要從中學習他們對極樂狀態的想法（是對極樂狀態的想法、而不是極樂狀態本身，後者顯然並不重要）。我們將另尋時間探討神祕主義者對極樂狀態想法的重要性。我所保持不變的看法就是：神祕主義哲學並不是我們應該以哲學之名進行之事。哲學的唯一最初限制，就是它的目標必須是「成為一種理論知識」以及「成為一套概念系統」，它必須是可以言說之事物。現在，讓我們再度回過頭來為哲學找出辭彙，使它能夠與現代科學互相匹配，我要說，如果物理學包含所有可以度量之事物，那麼哲學就是宇宙中所有可以言說之事物。

第六章

理論與信念
愉悅
直覺證據
哲學問題的與料

現在我們知道，哲學並不是別的東西，它只是關於理論知識的活動，它是關於宇宙的理論。雖然「宇宙」這個詞讓我們視野大開，它更讓「理論」這個嚴肅的詞增添活力與快樂，不過我們不要忘了，我們要做的，並不是以臨時的上帝姿態開創宇宙，我們要做的，乃是開創關於宇宙的理論。

因此，哲學並不是宇宙，它甚至還跟宇宙的脈動，也就是跟我們所謂的生活有些距離。宇宙中的事物並不是人類生活的對象，它們純粹只是人類沉思與理論建構的對象。當我們沉思某一事物，我們必須要先能置身事外，並堅決與之保持清楚的距離。我們的目標，不多也不少，就是要建立一套理論，或者說是一套關於宇宙的概念系統。我們並不是要尋找什麼非凡的東西。我們要尋找的，就是一些概念，當這些概念有次序的串聯起來，我們就能藉此瞭解存在（也就是宇宙）的本質。由於哲學問題是世界的根本問題，因此它帶有些許悲悽，不過哲學本身卻一點都不悲悽。哲學比較像是快樂的活動、令人喜愛的職業。哲學是單純的概念連結，就好像是拼圖。我寧願用這種方法介紹哲學，也不願意用各種充滿嚴肅氣息的限制條件定義哲學。就像人類其他所有的偉大事業，哲學也擁有它活潑的一面，也因此，它才能在面對事物時始終保持清新的幽默與嚴密的關切。

理論與信念

我還要再說一件事，你們現在或許覺得這件事奇怪，但根據我長久以來的經驗，它不只對哲學來說有價值，對所有的科學以及所有嚴格意義下具有理論性質的活動來說，它也同樣價值不凡。我要說的是：「當任何人第一次接觸一門學問，最能夠讓他輕鬆融入並瞭解自己所從事之工作的方法，就是告訴他：『對於你聽到的事物以及別人要你思考的東西，先不要評斷它們值不值得信服；不要想得太嚴重，當它是一場遊戲吧，當自己是受邀觀察其中規則的座上賓。』」

這種一點都不嚴肅的心態，就是開展科學研究時應有的最佳氛圍。其中的道理非常簡單：對於科學的新手來說，「信服」以及「嚴肅以待之」代表著非常牢固、堅實且深刻的心境，只有面對最慣常且根深蒂固的事物時才會出現這種心境。舉例來說，我們相信太陽每天都會在地平線的後方落下，或者我們相信眼前的各種物體都是實然存在於身體之外，這些信念以近乎盲目的姿態根植於生活習慣中，相形之下，我們在心理上信服天文學或觀念哲學的強度就很難與之相比。科學是透過真理與理性建立信念，正因為如此，它沒有辦法也沒有理由接觸我們的靈魂。換言之，它不具有那種能夠觸及心靈的特質。科學的信念來自於純粹的理智認可，而理智認可的背後一定有某些特定的理由推動著，這和那些來自人性最深處的重要信念與信仰並不相同。正如亞里斯多德所說，真正的科學信念乃是「源自於外」，我們必須從周遭發掘它們。

在我們周遭的，就是智性。智性並不是我們本質中最深層的部分。相反的，智性其實像是布滿觸角的敏感表層，它包覆我們非智性、非理性的最內在部分。巴雷斯（Maurice Barrès）[1]對此曾經做出非常好的描述：「智性是我們微不足道的表層事物。」

智性宛如我們最內在核心上的表面，它存在於外在事物和自我本體間，它的功能並不是成為自我，而是要呈現自我、反應自我。雖然智性並不是自我的一部分，但它存在每個人身上，只不過有些人擁有的智性比其他人多。然而，無論每個人擁有的智性是多或少，智性的本質都相同：對每個人來說，二加二都等於四。因此，亞里斯多德以及亞味羅（Averroës）[2]的追隨者都相信，宇宙中僅存在單一的智性，只要我們擁有智性，我們都擁有同一智性。

讓每個人各自獨立的原因，藏於其後。現在我們還不深究這個深奧的問題。不過，我剛剛說的已經足夠顯示：智性無法與我們習以為常的非理

1 譯注：巴雷斯，1862-1923，法國小說家。

2 譯注：亞味羅，1126-1198，伊斯蘭哲學、神學家。

性信念相抗衡。每當有科學家想要推舉他的觀念，使之成為重要的生活信念，他開始質疑自己的科學。在巴羅哈（Baroja）[3]小說中的主角曾對他的同伴說：「這個人對無政府主義的信仰就有如他對聖母馬利亞的信仰。」另一位同伴接著說：「信仰就是信仰，永遠都一樣。」

同樣的，相較於對正義的渴望，對食物與水的飢渴總是在心理上較為強大，也總是具有較強烈的非理性力量。在生物體中，當某個活動的層次愈高，該活動的活力、穩定度與效率就愈低。舉例來說，感官功能的衰退速度比自主功能（vegetative functions）的衰退速度快，那些需要意志與思考之活動的衰退速度更勝過感官功能的衰退速度。一如生物學家所言，生物於其演化晚期獲得的功能（通常是較為高階且複雜的功能）乃是最容易失去的功能。換言之，最有價值的功能也總是最危殆的。面對衝突、挫折與激情，我們總容易放棄理智，好像把理智高掛在牆上——即使是最有理智的人也是如此。相同的情形也發生於道德感與美感。人類本質的驅使下，上位者總是不比下位者有效率、堅實與樂於迅速接受。這個看法有助我們理解普遍的歷史現象。上位者為了想完善扮演其歷史角色，他就必須等待，直到下位者給予他適當的舞台與時機。上位者的實現與履行取決於下位者，後者賦予前者力量，雖然這可說是盲目的，但它卻無可取代。

3 譯注：巴羅哈，1872-1956，西班牙小說家。

因此，理性不應驕傲，相反的，它應該關注並幫忙其他較不理性的力量。理性觀念無法正面對抗本能，它必須迂迴巧妙地馴化、征服、迷醉本能，理性不能以大力士的拳頭對抗本能，它必須效法奧菲斯（Orpheus）用超凡音樂馴誘野獸。其中道理，就在於陰柔和堅韌的女性手腕，它不像男性採取直接強加式的做法，而採無為而治、風行草偃的方式。女性的作為看起來總像沒有作為，她們以甜蜜姿態表達包容和支持。就如同海貝爾（Hebbel）[4]所說：「對女性來說，作為就是承受。」同樣的，理性觀念也是如此。希臘人所犯的基本錯誤是，他們誤以為理性觀念可以因其清晰的本質自給自足、自我彰顯，在完全不假外求的情況下實現其「道」與理。在宗教的領域外，這種看法只是幻想，而歷史的真實存在無論是好是壞，都絕不虛幻。

愉悅

這也就是為什麼，我希望對哲學有興趣的人不要嚴肅待之；我希望他們能以從事運動或遊戲的心境面對哲學。與生命相比，理論並不沉重、可怕或正經，它反而像是遊戲。「我要說的是，人類就像上帝手中的玩具，

4 譯注：海貝爾，1813-1863，德國詩人、劇作家。

其中最值得稱許之處，在於人們具有視這一切是場遊戲的能力。無論是男是女，每個人都該以此為志，對抗當下的主流意見，都應該努力讓自己的生命充滿各種美麗的遊戲。遊戲、玩樂、風趣以及文化，才是我們認為人類生命中最重要的事。」

這又是段有趣的言語。我宣告的這段話並不是我想出來、說出來或寫出來的。這些文字是來自柏拉圖。它們不是隨便的文字創作，而是柏拉圖在晚年談到那「需要極大智慧」的主題時，靈光一閃寫出的。這段充滿智慧光輝的話語彷若七彩燦爛的光芒，讓我們得見柏拉圖高貴的形象，在他擅於隱藏自己的文字中，非常難得。這些文字是來自於柏拉圖未完成的最後著作：《法律篇》（*The Laws*）的第七卷。當他的朋友，也就是死亡出其不意降臨，柏拉圖手中這部著作也從此永恆不朽。

柏拉圖說這些話前，曾經以罕見的鄭重口吻表示，他要找出人類心靈成熟時所依恃的心境、性情和情緒。雖然當時的希臘人並不曉得今日的心理學（稍後會多做說明），但柏拉圖卻用他的才智預見現代心理學的最新發現：我們的內心生命乃是從每個人獨有的基本性情中萌發；這種基本性情構成人格的基礎。我們的每項具體反應都是由基本性情決定，有些人是悲傷，有些人是快樂，有些人是憂鬱，有些人則是平和心安。為獲得開化且成熟的人格，我們必須要先為生命提供適切的基本性情，好比工匠必須在船中安置龍骨。柏拉圖告訴我們，當他撰寫此書，他正是當自己是河邊的造船工匠。那支撐文化的龍骨、傳承文化並保持平衡的心境，乃是來自嚴肅且正式的玩笑與嘲弄，這一切好比是場充滿活力的遊戲或運動，我們必須理解，運動與工作的對比在於，前者並不是強加於我們身上的活動，運動既不講求功利也不追求報酬，它是自發性的活動，我們願意努力進行，只因為它帶給我們愉悅，因為它本身就是快樂。正如歌德所說：「歌喉發出的美妙聲音，正是歌唱者最完美的獎勵。」

文化在充斥著美好幽默的精神氣氛中產生、成長及開花結果，所謂的美好幽默，指的就是愉悅感。而嚴肅的成分之後才會出現；當我們發展文化或達到我們現正關注的文化形式「哲學」，才出現嚴肅性。這種歡樂愉悅的心境，絕不容小覷；我們必須記住，這種愉悅感即天神朱庇特（Jove）[5]常在的心境。為訓練我們常處這種愉悅中，讓我們效法這位奧林匹克山的天神朱庇特吧。

柏拉圖在他最後的著作中，一再玩弄希臘文兩個十分相似的字：「文化」（paideia）以及「把戲（玩樂、愉悅）」（paidia）。我們在柏拉圖的晚年再次見到他的老師蘇格拉底的反諷精神。這種反諷精神產生出乎意

5 譯注：朱庇特，羅馬神話的最高天神，等同希臘神話中的宙斯。

料的結果：我們讀到的柏拉圖最後著作的抄本中，發現抄寫者已不知道什麼時候該寫下「文化」，而什麼時候又該寫下「把戲」。所以，我們都受邀進入這場艱難的遊戲，只因我們早已身處最嚴厲的遊戲中。這種帶有愉悅氣息的智性，它的嚴格與精確就是理論。如同我曾說過，哲學這可憐的東西正好是這樣的理論。

另外我們也從《浮士德》（*Faust*）中知道：「親愛的朋友，所有的理論都是灰色的，只有生命的黃金之樹是綠色的。」灰色是色彩的禁欲苦行面。日常用語中，灰色代表色彩的象徵性價值，而歌德指的正是這種象徵。當色彩想要脫棄其彩色的身分，它充其量就只能成為灰色；生命卻是棵綠樹，這是過分的說法，而這棵生命綠樹甚至充滿修飾與點綴的說法更是過分。面對這些神奇且充滿矛盾色彩的奢華生命時，人們產生典雅的願望，希望自己能夠遁入灰色，而這也讓我們開始建構理論。理論中，我們交換實在與其靈影，概念應運而生。我們不體驗生命，我們思考生命。誰又知道這種生命的苦行與隱遁，這種深刻思考，是否不會產生極大的活力、至高的愉悅呢？誰知道思考生命是否不會在我們天真率直的生活加入「超生活」的崇高渴望呢？

直覺證據

看過神祕主義者戲劇性的策略後，我要告訴大家，我們完成了第二輪的迴旋，即將進入第三輪。但這次迴旋的性質卻和前兩次截然不同。我們已在哲學架構下定義了我們想要研究的對象，如同人們解釋他們的方案與計畫。由於哲學是套關於宇宙的知識，而且它的對象又如此寬廣且充滿各種問題，因此哲學思想一定要遵循以下兩項法則或責任義務。第一，它必須具備自主性，它不承認任何非自身建立的真理。第二，它必須遵循整體性法則，換言之，它不同意任何不具有普遍性價值的立場，也就是那些不以宇宙為探求對象的立場。

這就是我們在過去幾個章節談及的。我所說的都是為了澄清這套原理並賦予意義。對於其他不重要的事物，我都只是以幾近暗示的方式模糊帶過。我們只視它們是位於遠方、間接耳聞的事物。我想要說的是，我們討論的這些主題其實並不真實存在我們心中。我們談論這些事物，但卻沒有帶它們到眼前並親眼瞧見它們的真實型態與本質。

所以，當人談論到無法親眼看見的事物，我們可以說那只是缺乏證據的盲目描述。必須有證據支持理論並透過證據發展，才能夠稱作真確的理論。理論是由許多不同的概念、判斷以及命題（你也可以稱為許多不同的詞語）組成。透過這些詞語，我們可以判定某些事物是屬於某種類別而不屬於其他。然而，若要判斷命題是否為真，我們就得直接檢視它所陳述的對象。對此刻的我們來說，當「對某事物之陳述」與「該事物」相互一致，它就是真。事物以某種形象呈現在我們面前：它有可能是以「可感知」（可透過感官而覺知）的形象出現，例如顏色與聲音；也有可能是以「不可感知」的形象出現（無法透過感官覺知），例如喜悅、悲傷、正義、三角幾何型態、良善，以及事物之間的關係等等。

當我們能夠見證到某個陳述所描述的對象，該陳述便為真。當我們接受真實的陳述，並根據親眼所見事物證實耳聞的道理，這個陳述便可說是有證據支持的明顯真理。所謂證據，並不是來自讓我們偏好某些特定詞語、排斥其他特定詞語的情緒性感受。相反的，如果我們僅因為感性（無論是情緒或任何的感受）而被迫接受某一命題，該命題就絕不會為真。證據與感受是毫無關係的，我們幾乎可以說證據與感受全然相反，感受的本質盲目，這種盲目不是來自疾病或意外，它是天生的。喜悅、悲傷、熱情、痛苦、愛以及怨恨都是盲目的，其原因在於它們沒有眼睛，就像是植物和石頭沒有眼睛一樣。當人們說「愛情是盲目的」，他們也一併說出許多愚蠢的話，其中之一是基於以下事實，那句話中，愛情宛如以圍巾蒙住眼睛，好似他們原本可以看見但卻因為蒙蔽而無法看見。然而，愛情的奇特之處並不在於它是盲目的，愛情的奇特之處在於它沒有眼睛，也根本不曾有過。

相反的，判斷或陳述倚重的內容特性是證據，來自於我們對該判斷或陳述內容的親眼見證。不過，我們不該一心只著重「看見」和「視覺」這些字眼，誤以為我們可以從中發現它們從不曾擁有的清晰感與精確度。關於這點，我們只願意承認以下部分：當「顏色」直接出現在我們面前，我們可以說我們看到了顏色；而當我們想像顏色但卻沒有親眼見到顏色（例如我們現在可以想像撒哈拉沙漠的沙子特有的玫瑰色），我們便說該顏色並不直接出現在我們眼前。後者的情況中，顏色完全不存在，唯一存在的是我們對顏色的思索，是這個思索本身將我們帶往顏色，讓我們在心理上導向顏色。對我們來說，視覺最重要的地方在於它呈現出的主觀狀態，在這種主觀狀態中，事物以直接的形式出現在我們面前。聽覺也是如此，當我們聆聽，聲音也是以直接的形式呈現。大體上來說，所有的感官功能都是屬於這種「直接呈現」的類型。

實證主義希望嚴格限制知識的範疇，他們認為知識只能夠來自於那些呈現在我們面前的事物，在這方面來說它是正確的；實證主義的錯誤在於它武斷認定除了感官知覺，像是顏色、聲音、味道與觸覺等，不存在任何其他能直接呈現在我們面前的事物。實證主義要求「實證」的做法（要求事物必須直接呈現）是正確的，但它局限在感官知覺則是錯誤。即使我們視實證主義為感覺主義，它的做法也還是太過狹隘；實證主義發跡以來，人類發現許多新的感官知覺。過去的實證主義認為傳統的五種感官知覺已足夠。不過現在這個數字已增大許多，我們現在發現人類至少擁有十一種知覺。

但我們不是要指責實證主義這一點，而是它的循環論證。實證主義認為：「如果一樣事物無法呈現在我們面前，它就不是真的存在。所謂的呈現，指的是感官能夠察覺。」然而，大家注意，「感官能察覺」與「呈現在人們面前」乃是兩個全然不同的概念。感官可以察覺顏色和聲音，並不是因為它們時常呈現，而是它們本身就是一種感覺狀態。另一方面，正義和純粹幾何中的三角形即使直接呈現在我們面前，感官也無法察覺它們，因為它們畢竟不是顏色、不是氣味，也不是聲音。如果實證主義可以證明感官對象是唯一能直接在我們面前呈現的事物，那它就是正確的理論。然而實證主義卻將它應該證明的事物當成原則。於是實證主義犯了丐論的謬誤，而陷入了一個惡性循環，一個循環論證。

我再次重申，「呈現」（presence）與「感覺」（sensifacience）是兩種毫無關聯的概念。「呈現」指的是一種方式，透過這種方式，事物直接表現在我們面前；與它對立的就是各種間接方式，在間接的方式下，事物是透過關係與心靈產生接觸，換言之，它們不是「呈現」，而是「表徵」，就好像是某物品的相片，它只是該物品的拷貝、錄製或影像，而不是該物品本身。另一方面，「感覺」指的是另一種特殊的事物，它們可以直接接觸感官，它們與上述那種需要透過關係與心靈接觸的事物完全不相干。我們說過，實證主義「堅持人類只應該透過見物聽聲獲取知識」的主張是明顯的錯誤，而現在，否認世上存在「感官不可感知但卻直接呈現於我們面前之事物」的看法，更是錯得一塌糊塗。笛卡兒舉過一個清楚的例子：沒有人親眼見過具有一千個邊的多邊形，但我們絕不懷疑它可以像四邊形那樣直接的呈現在我們面前。以下這個事實可證明這個例子：我們清楚理解「千邊之多邊形」的精確意義，我們不會混淆它和多於千邊或少於千邊之多邊形的意義。

因此，我們必須保留實證主義堅持的直接呈現方式，卻要同時避免陷入狹隘。唯有讓所有的事物都呈現在我們面前，才能夠探究其真偽，至於它們會以何種方式呈現，就留給該事物的自身特質決定吧。這種主張意味得以徹底擴充實證主義，如同我在幾年前寫過的文章：相較於「部分且受限的實證主義」，現代哲學或許可稱為「絕對實證主義」。我們將在稍後看到，這種絕對實證主義確實糾正並克服過往哲學經常出現的缺陷，即過度強調感官知覺。有時候（在多數的英語世界），哲學會正式、有意識的與感覺主義畫上等號。有時候，哲學並不希望自己被定義成感覺主義，但它卻仍然與其脫離不了關係，像是受到枷鎖的牽絆，這種情況在柏拉圖甚至是亞里斯多德身上都看得到。若非如此，普遍性這個哲學問題就不會在中世紀時變得如此重大。不過，我們現在並不打算討論這件事。

目前最重要的，就是要強調真理乃是建立在證據上，除此之外，別無其他理論上的嚴格真理。這表示，為了談論某件事物，我們必須要先看見它，而這裡的「看見」，指的是視其本質而定的直接呈現。當我們在探討視覺，我們不使用這個狹隘字眼，我們採用「直覺」（intuition）這個詞。直覺是世界上最不奇幻也最不神祕的事物。它的精確定義是「當物體呈現在我們面前時的心理狀態」。因此，這裡的直覺包含與感官有關的直覺，以及無需感官的直覺[6]。

舉例來說，我們對橘子的顏色產生直覺，也對橘子本身產生直覺，另

6 譯注：這裡的「直覺」不是一般日常生活中常說的「第六感」或某種敏銳的猜測，它指的是「直接的感知」。

外對於橘子的球狀也產生直覺。在這些情況中，「直覺」都代表直接呈現。現在讓我們比較這些直覺，關於顏色、形狀、以及橘子本身的直覺在我們心中的呈現方式。

見到三稜鏡折射的光譜，我們可以用眼睛去尋找「橘色」這個詞在我們心中代表的東西。我們可以找到心中的那個顏色，我們的眼睛也將為我們呈現那個顏色；我們心中的「橘色」概念因為視覺帶來的直接感覺而實現、完整化，並達到滿足。當我們思及這個顏色，它是我們心中唯一的思索對象，我們也能夠絲毫不差地感覺到該顏色，可說該顏色及其概念完全相同，或者說它們就是同一事物，換言之，我們對該顏色有完整的直覺。

然而，「橘子」這個物體的呈現方式卻不是如此。當我們想到橘子，我們心中想到的、指涉的事物是什麼？我們想到的東西乃是具有許多特質的事物：除了它的顏色，它還具有固定的球型外表，表皮是由具備些許韌度的物質構成。我們想到的橘子有表皮與內絮；此外，由於橘子的固定球型外表，它必然有兩個半球。我們是否能夠實際看見這全部呢？我們瞭解，無論如何努力嘗試，每次我們總是只能看見一半的橘子，也就是面對我們的那個半球。根據不可改變的視覺法則，面對我們那半一定會擋住背後的另一半。當然我們可以採取全新的視角，轉過橘子並看見另外一半，但這樣做也使我們無法再見到先前可見的那一半。這兩個半球永遠無法同時呈現在我們眼前。此外，我們此時所能看到的也只不過是橘子的外表，它的內絮仍然藏在表皮下。為了看見橘子內部，我們可以切成片狀，但無論切的再薄，我們也不會看見了完整的橘子形象，它永遠不會和我們心中的橘子形象一樣。

每項證據都在在顯示：當我們說看見橘子，事實並非如此。而且，無論呈現在我們眼前的是來自單一視覺，或是許多部分視覺，它們都不同於透過思想呈現在我們心中的整體橘子形象。我們想的總是比見到的多；我們對事物的概念包含視覺無法傳達的東西。這表示，我們對於橘子以及其他各種具有形體之事物，只具有不完全且不充分的直覺。隨著時間改變，我們可以一直對該物體產生新的視覺，並加入到先前已有的視覺中，例如，我們可以將橘子切成薄片藉此看見之前遮蓋的部分。然而，這一切卻只告訴我們，就是我們對物體（或由物質構成的事物）的直覺雖然可以不斷地修改以求完美，但它終究無法達到完整且完備的境界。不完整的直覺、總是不斷接受修改以求完美的直覺、一直朝著完備逼近的直覺，就是我們所謂的「經驗」。對於物質構成的事物，我們只能透過經驗獲取知識，換言之，這種知識只能算是逼近真理的知識，而且它總是經由再修改而更接近真實。

至於那稱作「橘色」的顏色，它不是物體、不是由物質構成。它僅是顏色，它純粹且獨立。我們可以分開顏色和承載該顏色的物體，也可以區隔它和實現該顏色的物質。由於顏色只是抽象的，因此我們才能見到它完整的形象。

接下來讓我們來探討第三種直覺的對象：幾何學中的圓形。關於圓形，我們發現心中的圓的概念和所有由物質構成的圓，或者和所有可以用物理方式建構出來的圓相較，例如畫在工藝學校黑板上的圓以及印在幾何學書本中的圓，心裡的概念都顯得不嚴格、不精確。換句話說，真正的「圓」並不是可以看見的形態，它並不能透過眼睛見到。然而，它卻毫無疑問地呈現在我們心中。

但是，如果圓的概念不是從我們見到的圓形而來，那它到底是從何而來呢？概念不是創造出來的，它們不是憑空蹦出來。概念一定是關於某種事物的想法，而且該事物一定要先以某種形式在我們面前出現過，我們才有可能思索它。即使我們有能力憑空創造，也得先創造出該物體並讓它呈現在我們面前，接著才能思考它。以圓來說，我們對圓擁有直接的直覺，我們無需透過任何影像就能在心中找到它，即使真的需要影像，我們也只需要模糊的概略影像。接著，我們就可以比較心中的圓的概念和所見的圓。

如果我們想分析那種純粹且超越經驗的直覺，會耗費太多時間，不過，以下解釋可以幫助我們釐清。首先，圓是一條線，而「線」則是由無限多的點構成。無論線是多短或多有限，我們心中對線的概念都是無限多點的集合。那麼，「無限多的點」又是什麼意思呢？當我們心中想著「無限多的點」這個概念，我們究竟想到多少個點？有人可能回答：「無限多。」但是很抱歉，我想要問的是，當我們想到「無限」多個點，我們是否想到了每一個構成「無限」的點？我們是否想到所有的點？答案當然是否定的。我們想到的只是某個有限數量的點，然後我們會加上規則，就是我們可以再多加一個點、另一個點以及另一個點，毫無止盡的增加。

這樣下去的結果是，當我們思索「無限」這個數量，我們以為自己會無法停止，我們以為「無限」這個概念意味著我們承認它無法包含它所指涉的一切。或者我們可以說，我們思考的對象事物「無限」，超出了我們對它的概念。不過這代表當我們思考「無限」，我們不斷拿「我們對無限的概念」和「無限」本身比較。因此，當「無限」呈現在我們面前並接受比較後，我們發現了概念的不足。關於數學上之連續性（例如線）的直覺，我們發現這種直覺與概念是不一致的。而且，這種不一致與「橘子」的例子不同，在「無限」這個例子中，直覺給我們的超出思想所給的。事實上，「連續性」以及「無限」給我們的直覺，是無法化約成概念或理性思維的。換句話說，「連續性」乃是非理性的，它是超越概念、超越邏輯的。

近代的理性主義試圖要為自己創造出「可以將數學的『無限』化約成概念」的幻境（理性主義根本就是自傲地活在幻想之中），在康托（Cantor）的推動下，理性主義（透過純粹邏輯）擴充了數理科學，並以粗暴的十九世紀帝國主義方式拓展版圖。它之所以能夠如此擴展，是因為它忽視問題本身。為了要讓數學家恢復清醒，我們要突顯出某些基本且不可化解的矛盾，例如著名的「群的二律背反」（antinomy of the groups），唯有如此，所謂的數學邏輯才有可能回歸直覺。這個極為重要的運動正在我們這個時代進行著。新一代的數學家已體認到事物中的非理性部分，換句話說，他們接受自身的命運，同時也讓邏輯接受它本身的命運。

所以我們知道了一個事實：數學的對象（包括那最奇特且神祕的「連續性」）是可以直接呈現在我們面前的；它或許會以與思想一致、適切的直覺型態出現，或者它會以更豐富的、超越思想所及的型式出現。不過，最多之處也是最少之處。為了證實我們提出之命題的真確性，我們只要求在直覺中能找到所有的思想內容。至於「直覺中也可能包含其他我們不能思考或不願思考的元素」這個事實，則不會影響真理的主要意義。嚴格來說，直覺包含的內容總是比我們思考的要多。因此，即使是拿我們分析過的三個例子中最簡單的來說（「橘色」的例子），我們也可以發現，其實看到的顏色總是含有某種色調是概念所無法決定的，那種色調是我們無法思考也無法命名的。其中的道理在於，橘色這個顏色乃是介於紅色與黃色，它涵蓋近乎無限種不同的橘色色調。光譜也具有連續性的本質，只不過它是質地上的連續性，而不是數學上的連續性。

因此，所有經由適切的直覺而呈現面前的事物，我們都可說它們代表嚴格的（不只是近似而已）真理。換句話說，我們對於這些事物擁有密切的知識，而且是一旦確立就永遠確立的知識。這也就是哲學中令人尊敬卻又不合理，甚至醜陋的名詞，那就是先驗（a priori）知識。先驗知識既不是實驗性的知識，也不是經驗性的知識，它全然不同於我們對橘子的知識。後者知識無法透過視覺來掌握一切，它總是保留一些仍無法看見的部分，我們對它的知識必須依賴那些可以看見的，即使我們明白這並不是確切的做法，但我們仍然必須這麼做。這是受到視覺限制的知識，而這樣的限制存在於每個新的視覺活動中，因為每個後驗的（a posteriori）觀察活動都具有相對性。

相較之下，若以三角形為例，無論我們希望以何種方式思索三角形，它總是完整且完備地呈現在我們面前。它毫無遮掩地展現自己的形狀、內容以及組成結構。針對三角形的直覺，我們可以花上數百年去思索所有與其有關的定理，雖然在過程中我們會不斷刷新那個直覺，但最後的直覺與最早的直覺沒有任何不同。

除了以適切直覺作為純然證據所建立的真理，哲學的基本教義不允許任何其他型式的真理。我們之所以必須投入大量時間討論「直覺證據」，就是因為它是這個時代中最具特色的哲學根基。關於這個尖刻的問題，我們不可能以更小規模的方針來面對。現在，我們已經克服了困難的部分，我希望（雖然我無法確定，但我希望如此）接下來的路程將可以平順地進入較為溫暖且與我們內心息息相關的主題。我們必須好好發展上述關於證據的各種提示，正如我說過的，我們即將進入與之前不同的新迴旋，在這個新迴旋中，我們討論的事物必須透過沉思才能看見。如果在這之前我們只是準備進入哲學，就像演奏會前各種樂器因為調音而發出斷斷續續的聲音一樣，我們現在可以說已經準備就緒。

哲學問題的與料

當我們在這條迴旋的道路再次行經最初的起始點，讓我們再次吹響哲學的定義吧。再次強調，哲學是關於宇宙的知識，是關於「所有之存在」的知識。現在，當你們再聽到這句話，我相信這些文字滿載智慧的能量盪漾在各位的腦中。（我們明白所面對問題的基本特色，我們也瞭解對特定哲學真理的根本需求。這其中首要的是：我們不接受任何沒有親自測試或驗證的真理，只接受由我們親手建構根基的真理。那些我們最習以為常且看似可靠的信念，那些我們用來構成假設的事物，甚至是我們賴以生存的環境，都還有待驗證。在這樣的意義下，哲學可以說是反自然的，就像我曾說的，哲學的根本乃是「超越意見的」〔paradoxical〕。「doxa」這個字代表的是常見的、隨性的意見，換句話說就是「自然」的意見。哲學要求自己必須放棄平常的意見，並且超越它，找出更為堅實的意見。因此，哲學乃是「超越意見」〔para-doxa〕。）

如果我們的問題是認知所有的存在事物、認知宇宙，那麼要先決定存在哪些事物，而且在眾多可能存在的事物中，我們還必須先找出確定存在的事物。或許宇宙中存在我們不知道且永遠也不會知道的事物；或者反過來說，我們或許相信宇宙中存在許多事實上根本不存在的事物，換言之，這些事物並非真實存在於宇宙，只存在於我們的信念中，它們只是我們的幻想。沙漠中口渴的旅行商隊，相信自己在遠方的空氣波紋中看見陽光下閃耀的清澈水面，然而這看似親切的水影並不真的存於沙漠，它只存在於旅行商隊的想像。

因此，我們必須區分以下這三類事物：第一，那些無論我們知不知道，都仍可能存在於宇宙中的事物；第二，那些我們誤以為存在，但事實上卻不存在的事物；最後則是那些我們確信存在的事物。最後這類乃是同時存在於宇宙以及我們的知識。它們是確信無疑的存在，是宇宙中我們無可懷疑的部分，一言以蔽之，它們是「宇宙中的與料」（data of the Universe）。

每個問題都預設某種可依據的與料。這些與料本身並不構成問題。在我們之前曾經提過的經典例子中，半沉於水的筷子，我們經由觸覺感受到的「直的筷子」就是資料，而我們經由視覺感受到的「曲折的筷子」也是資料。當這兩種分別都不是問題、都是有效且不可爭議之事實，但互相衝突的證據一起出現，問題就油然而生。它們之間的矛盾特質出現在我們面前，這正是每個問題都擁有的特質。這些事實分別告訴我們部分且不充分的現實真相，它們各自顯示出我們不希望出現的、自相矛盾的現象。那是筷子可以同時既筆直卻又曲折的現實世界。當這種情形愈是清楚明顯，它就愈是讓人無法接受，其問題也愈顯嚴重，它的存在也愈令人質疑。

所以，必須先有與料才有疑問，有了疑問，我們的思想才可以運作。除非我們先感覺或接受某些事物，否則將無法思考它；但若我們皆完整感受到所有事物的一切面向，我們則又失去思考的理由。因此，問題本身預設了中間狀態：我們感受到某種事物，而且該與料是不完全、不充分的。然而，如果我們不知道某事物，我們就不會知道該事物並不完備或有缺陷，我們也不會知道自己其實沒有意識到某些「我們已知事物所假設存在的其他事物」。這就是問題意識，也就是明白自己的所知並不足夠，也就是明白自己的無知。嚴格說起來，這就是蘇格拉底引以為傲的一句話「知道自己一無所知」的深層意義。很自然的，這種問題意識正是科學的起點。

因此，柏拉圖問到：「什麼東西具有認知能力？」動物不具有認知能力，因為它們不但一無所知，更不知道自己一無所知，而且沒有任何方法可以讓它們脫離這種無知的狀態。不過，上帝也不具有認知能力，因為上帝事先就知道一切事物，祂沒有理由認知。唯有某種處於中間狀態的東西，唯有界於上帝與動物之間的東西，唯有處於無知狀態但又同時知道自已無知的東西，才能感受到急於脫離此狀態的強烈衝動，希望自己能夠衝破無知而獲得知識。這處於中間狀態的東西，就是人類。知道自己的無知乃是人類的殊榮，這項殊榮讓人類成為承擔許多問題的神聖生物。

由於我們的問題在於宇宙、在於那「所有的存在」，因此我們必須先決定宇宙之間存在著哪些事實，換句話說，在所有存在的事物之中，我們必須先決定有哪些是我們無需尋找就已經既定的存在。那些需要尋找才能發現的事物，必然是我們所缺少的，因為它們對我們來說並不是既定的一種存在。

但是，哲學所依據的與料是什麼呢？其他科學的真理型態並沒有像哲學這麼基本，其真理所依據的與料也比較不穩定或不堅實。哲學跨出的這第一步，它必須發揮其智慧英雄主義的色彩到極致，同時也必須徹底呈現其嚴格性。這也就是為什麼與料本身並不是問題，但與料卻在哲學面前引發重大且令人坐立難安的問題：宇宙所依據的終極與料，也就是我們可以確信無疑的存在，到底是什麼？

第七章

宇宙之真理

笛卡兒的懷疑

作為終極理論依據之意識

如鷹一般的自我

正如我說的，最重要的是區分三種類別的事物：那些可能存在於宇宙中，不論我們是否知道它（的存在）；那些我們誤認為存在，但事實上不存在的；以及最後，那些我們確定存在的。最後這類事物既存在於宇宙，也是我們知曉的。

但是最後這個類別，我們仍需加以區分。我們對存在於宇宙中的事物產生兩種確定性：有時候我們是以推論為基礎，依據證明，或是確切、有根據的推斷，例如看到煙，就會推測有火，雖然我們並沒有看到火；看到樹幹上有線狀痕跡，我們推測之前有什麼東西在那裡，也許是人，或是某種神祕的昆蟲在樹上爬過，留下了看似文字的痕跡；這也就是為什麼會稱這種甲蟲為「文字印刷長蠹蟲」（*bastrichus typographus*）。

這種根據推測、證明或推斷來證實某種事物存在的確定性[1]，乃是源自於已確定的另一事物。也就是說，為了確認火的存在，必須先看到煙。要以推測或證明的方法證實某種事物的存在，必須先從其他既存事物更基本、更主要的確定性著手；這種更基本、更主要的確定性是不需要證明、也不需要推論的。這表示我們能夠而且必須證明某些事物的存在，但這個說法預設了前提，就是世界上存在著某些我們無法也不必證明的事物，因為它們不證自明。我們只能證明那些能合理懷疑的事物，至於那些不容置

1 譯注：原文為certainly，應為certainty之誤印。

疑的事物，它們是既不需要也不允許證明的。

這些事物毫無疑問的存在，駁回所有質疑，不僅讓質疑失去意義，更摧毀質疑。這些事物就是「宇宙中的與料」，它們經受一切，就算是一連串批判與苛責也對它們莫可奈何。我再次重申，這些與料並不是宇宙中唯一存在的事物，甚至也不是宇宙中唯一確定存在的事物，但它們乃是唯一不容懷疑的事物，它們的存在乃是奠基於一種最特別的確定性之上，那就是拱形確定性（arch-certainty）[2]。

我們接下來便要討論這些宇宙中的與料。

宇宙之真理

記得幾年前我曾讀過一位（西班牙）當代詩人希蒙聶茲（Juan Ramón Jiménez）的詩句：

花園之中有一清泉；
清泉中有獅頭羊妖；
獅頭羊妖為一女子

2 譯注：拱形確定性這個名詞出自亞里斯多德對知識的看法，他認為歸納法與演繹法之間的連結必須依賴這種特別的確定性。

她正傷心斷腸。

由此表示，世界上得有花園，也要有獅頭羊妖，才能引領詩人寫出這斷腸哀歌。如果這些事物都不存在，我們又如何談論它們，並且區分它們與其他事物？我們如何得知它們的輪廓，甚至具體描繪並建造出水花飛濺的花園清泉？由於獅頭羊妖只是所有相關動物中的代表，我們或許可以說這世界上還有人頭馬、半人半魚、鷹首飛獅、獨角獸、飛馬以及暴躁的牛頭人身怪。但簡單地說，也許太過簡單，我們只要說自己是在談論不存在於宇宙當中的幻想集合、只存在於夢幻與想像中的事物，就解決了獅頭羊妖的存在問題。我們從真正的花園中移開這頭假裝與天鵝一同生活、與詩人調情的獅頭羊妖，放到心靈、靈魂與精神的層面。這樣一來，我們會覺得自己已為獅頭羊妖及其他數不清的怪物找到適當的解釋之道。

我們之所以迅速採取這種解釋方法，是因為獅頭羊妖的存在明顯令人懷疑，它的真實性低到甚至不需要多做沉思就能駁斥的地步，儘管這類事物仍然在我們的靈魂深處留下朦朧的刺痛感。如同我先前所說，我將從你的心中去除這種刺痛感，如此一來，它才不會阻撓或嚴重影響我們的討論。這種刺痛感，讓我想起多年前為了替唐吉訶德辯護時提出的主張。當唐吉訶德將風車當成巨人，我們嘲笑他，因為他不應該以為風車是巨人。然而，為什麼人類會知道什麼是巨人呢？這個世界上哪有巨人？哪裡曾經存在過巨人呢？如果世界上沒有巨人，或者說不曾存在過巨人，那麼人類一定曾在歷史的某個時間點發現一種不存在於世界的巨人，而我們可以說，在那個當下，人類就是唐吉訶德。事實上，幾千年以來，人類一直認為宇宙中存在著巨人與獅頭羊妖，這些事物的存在再真實不過，它們乃是左右人類生命的事物。

這樣的情況怎麼可能發生在過去或是現在呢？我讓這個如針如刺、揮之不去的疑問飄散在好奇的微風中，但是我再重複一次，這並不影響我們的問題。而且另一種刺痛感也將隨之而來，我們一樣能撫平它；因為我們現在不是在討論獅頭羊妖是否存在，或者討論獅頭羊妖是否可能存在；讓我們感興趣的，是獅頭羊妖的存在是否能擺脫懷疑的陰影，因為要懷疑它們的存在並非難事，它們也就不會是宇宙中的與料。

物理學向我們保證宇宙中存在力、原子、電子，認為這是個更加嚴肅且不容輕鬆帶過的課題。但是，這些事物是真的存在嗎？它們的存在是無庸置疑的嗎？我們聽到物理學家相互爭論這些事物的存在，表示它們至少是可以懷疑的。儘管物理學家能夠達成共識，並團結一致希望我們相信世界存在著無法看見的原子與電子，我們仍然可以站在相反的立場提出以下反思：雖然原子似乎是確實存在的事物，但它對我們來說只不過是整個物理理論的終端產物。如果我們想要確認原子真的存在，那麼物理理論就必須先真實無誤。儘管物理理論看似真確，但它是建構在一連串推論之上的「不確定真理」（problematic truth）。這也就表示物理理論是需要證明的。因此，物理理論並非基本的、不證自明的真理，充其量只是推演出的真理罷了。我們會說獅頭羊妖只存在於我們的想像，但其實原子也是一樣；換句話說，原子是否真的存在，也是值得懷疑的；目前為止，原子只存在於理論中、只存在於物理學家的思想中。原子就是物理學家心中的獅頭羊妖，正如詩人想像獅頭羊妖擁有爪子，凱爾文爵士[3]也認為原子擁有（可以將彼此相互串連起來的）鉤子。

原子並不比獅頭羊妖真實，他們都不是宇宙間的基本事實。

那麼，讓我們來探尋周遭的事物吧，看看有什麼是真確沒有問題的。儘管可以質疑所有的自然科學研究，但至少我們四周有一些看得見、摸得著的東西，這些事物是科學研究當成既存事實的研究對象，它們的存在應該是不容質疑才對。雖然詩人口中的獅頭羊妖並不真實存在，但至少花園存在吧，畢竟花園是這麼真實、可見、可觸、可聞、可以買賣、可以修剪

3 譯注：Lord Kelvin，1824-1907，知名的英國物理學家。

整理，並徜徉其中。

然而，當我在花園中享受新春綠意，我發現到只要一闔上雙眼，花園就會像是觸碰到魔術機關般消失，它可以在一瞬間從宇宙中消逝。我們的眼瞼就像是斷頭臺上的利刃，可以從世界中斬除花園。閉起雙眼，無論是一粒沙、一片花瓣，或者是樹葉的痕跡，都將消失。當我再度睜開雙眼，花園又會同樣迅速地重現眼前，這種變化就像是一位「超越性」（transcendent）的卓越舞者在我面前謙恭起舞，他可以在一躍之間無中生有，他的瞬息生滅不會留下任何痕跡。當我操弄其他的感官，同樣的變化也會出現在嗅覺或者觸覺等知覺上。

還有，當我在花園中休息，我逐漸產生睡意，最後我睡著了，夢到自己身處花園。我發現夢中的花園和真實的花園一樣栩栩如生。希伯來埃及語系中，花園代表天堂。如果我喝了酒，即使是在沒有睡著的情況下，花園看起來也會如此。這些花園充斥著幻象，宛如是人造的天堂。就其本身來說，這些幻覺中的花園與真實的花園毫無區別；也就是說，兩者的可靠程度不相上下。或許，在我周遭的所有事物，甚至我身處的整個外在世界都只是龐大的幻境。至少，能知覺到的幻境內容和真實世界一樣。好了，如果所謂的幻覺就是實際上不存在的東西，那麼誰能保證我們一般感知到的東西不是如此呢？一般知覺與幻覺的不同之處，在於一般知覺比較持久，而且其他人感知到的內容也和我一樣。但這點無法讓我們排除一般知覺中可能存在的幻覺性；我們只能說，對實際事物的知覺，事實上不是普通的幻覺，而是一種恆久不變且眾人皆有的幻覺，這就是說，這種幻覺比其他幻覺更糟。

因此，所謂的感官事實並不能給予我們任何真實的事物、任何確實存在的東西。根據這項觀點，生活將是一場平凡而單調的夢，一個每天都會出現的頑強幻覺。

笛卡兒的懷疑

懷疑，方法學的懷疑，就像是滴下的硝酸一樣，它侵蝕我們對外在世界存有的堅實完整且確切無疑的感受；另一種比喻，懷疑就像是退潮時從岸邊退去的浪花，帶走我們周圍的整個世界，帶走世界裡所有的事物和人，包括我們的身體，沉沒於虛無中，為了挽救它們，我們抓住並告訴自己它們確實存在，但這一切只是徒勞；懷疑的浪潮淹沒整個世界，我們只能看到潮流摧毀、消滅了世界。就像中國人說逝去的人是「隨波而去」。

你必然會瞭解這一切結果對我們的嚴重性。我們所說的這些代表：萬物、自然、人類以及整個外在世界並不是確實存在，它們不是基本的事實，也不是宇宙中必然的事物。這個圍繞在我們四周承載我們、支持我們的世界，這塊我們立足其上的大地，對我們而言似乎是最穩定、最安全也最堅固的，但是它的存在令人懷疑，或至少沒有人能夠證明它確實存在。因此，哲學不能以外在世界確實存在的事實為出發點，那只能是我們自身信念開始的地方。在生活中，我們毫不懷疑地接受宇宙中的一切事實，然而哲學卻不然，哲學無法將另一門科學證明為真實的事物視為真理，甚至不能欣然接受生活相信的一切。

這正好明確表示哲學思維的意義不在於生活，充分說明為何哲學在本質上是矛盾。哲學思維並不是生活，它是有意識地置身於生活信念之外。這種摒除生活信念的立場必然是理智的，其唯一目的就是為了創造理論；哲學活動本身就是理論性的。

總之，這就是為什麼我覺得要人們認真看待哲學是件荒謬可笑的事。有誰會「相信」、「重視」這種外在世界不存在的說法呢？哲學信念並非生活的信念，它是一種「類信念」（quasi-conviction），或者可稱為理智的信念。對哲學家來說，重要並不代表嚴肅，所謂的重要，只是有系統、有條理的展現我們的概念。

但是，無論如何我們都要知道：哲學一開始就告訴我們外在世界不是基本事實，它的存在是值得懷疑的，外在世界中的種種事實並非不證自明，需要我們加以驗證；在大部分的情況下，這些事實都必須有其他的基本真理作為依據。我再次強調，哲學並不是否定外在世界的存在，因為這種說法也令人質疑。嚴格來說，哲學想說的是：我們無法確定周遭的外在世界是否存在，因此，我們既不能以它的存在作為論述起點，也不能以它的不存在出發，這都只是奠基在某種假設之上；我們不應該從假設出發，應該從確定的東西開始，意即，我們應該以自身擁有的證據作為出發點。

但是我們先回想前面說的那個戲劇性場景，情景中，懷疑的低潮挾帶強大的退浪席捲世界，它不僅帶走我們的朋友，也捲走我們自己。

那麼，宇宙還剩下什麼？除了懷疑的陰影，還有什麼東西存在於宇宙之間？當我們對世界，甚至對整個宇宙感到懷疑，還剩下什麼？只剩下懷疑，以及「我在懷疑」這個事實；如果我懷疑世界的存在，我就無法懷疑「我在懷疑」這項事實，這就是所有有可能的懷疑的限制。然而，無論我們懷疑的範圍如何廣大，我們都會發現懷疑受其本身的限制，也為本身所摧毀。我們尋求的是無可置疑的東西嗎？這種無可置疑的東西就是懷疑本身。為了懷疑一切事物，我不能懷疑「我在懷疑」這一項事實。只有在不影響懷疑的情形下，懷疑才有可能；如果反咬自身，就會破壞自身的功效。

在此前提下，造就了更偉大的想法，那就是笛卡兒的近代哲學。大家都知道這個事實，它是基本知識。我現在一再強調這點和其他眾所周知的事實，雖然未出現在本演講前半段，那其中的許多理由我將陸續提到。現在我們到達的階段，可以揭示本演講的奧祕並步向達到這些奧祕的祕密途徑。因此，我現在要說出多年來一直不敢公開的話；對我來說，這就像是時事評論家應該擔負的責任，同時我也覺得這才是充滿意義的人生，有意義的人生就宛如巴黎的歌劇院，除了地面上的建築物，裡頭還隱藏了許多故事。我將在之後提到，我之所以順應偉大的現代之父笛卡兒的說法，並不是偶然。

但是現在就讓我們探討那些更迫切的問題吧。

有些人認為，笛卡兒因為不懷疑「我在懷疑」這項事實（這個觀念也出現在奧古斯丁的思想中）而開啟現代思想，同時，這些人也毫不懷疑笛卡兒思想代表的重大革新，而這樣深信不疑的結果使得這些人無法瞭解所謂現代性的全部意義。

最重要的是，我們必須清楚瞭解「懷疑」這項事實的特權，才不會懷疑它；我們要知道為什麼能懷疑整個外在世界，卻不能懷疑微不足道的懷疑活動本身。當我懷疑時，我不能懷疑自己的懷疑，這是基本事實，也是宇宙中無可置疑的事實。但是為什麼呢？我可以懷疑我正在演講的這座戲院確實存在，因為我現在或許正活在幻境中。或許，我年輕時曾夢見自己在一家戲院中對馬德里的民眾談論哲學，然而，現在我卻分不清此刻是我的夢境成真，或者眼前的情景是夢境，而我就是做夢的那個人。我還能期望更多嗎！從內容上來看，真實的世界和夢中的世界在本質上並無什麼不同；它們緊鄰彼此，就像中世紀人們說維吉爾[4]的花園與俗世的其他部分，只隔了一道無形的空氣之牆。我們無需任何改變，就能夠從真實的世界移轉到夢境中，特別是這個例子，說服馬德里的民眾稍微思索哲學問題，無疑是我一生的夢想。

因此，我可以懷疑這座戲院的真實性，但卻不能懷疑「我在懷疑」這項事實；我再問一次：理由何在？答案在於，所謂的懷疑表示「我覺得」這些事似乎是可疑的、不確定的。而「我覺得某事物如何」以及「我思考某事物」這兩者其實是同樣的事。所謂「懷疑」實際上就是一種思想活動。現在，為了要懷疑「思想活動」是否存在，我必須思考這個想法，於

4 譯注：Virgil，古羅馬詩人。

此同時，思考就必然存在於宇宙，所以，當我試圖抑制該想法，思想卻也同時成為實際存在的事物。或者，我們可以用另一種方式說，在宇宙中，「思想」的存在是唯一不容否定的事實，因為「否定思想」本身就是思想活動。我所思考的事物或許並不存在於宇宙，但是，「我在思索它們」這件事本身卻是無庸置疑的。

我再重複一遍：要讓某些東西成為可疑的，我們必須先覺得它存在；除了我對它的感覺，整個宇宙對我來說似乎都是可疑的。這座戲院的存在值得懷疑，因為，我明白它的存在就意味著它可能完全獨立於我之外，這表示當我閉上眼睛看不到它的存在，但是它仍然獨立存在於宇宙間；也就是說，它不需要依賴其他事物而存在。然而，思想卻是奇妙的東西，它的存在、本質，都化歸成「我的感覺」。在這一刻，我只是由「我的思想」組成，我們可以說，「思想」的存在以及它的真實性完全奠基在思想的本質上。思想就是它自身，除此之外別無其他。它的現象恰好就是它的本質。

至於戲院的情況就不一樣了：當我看到戲院，透過眼睛感受到的內容並不是戲院的全部本質。相反的，當我看不到戲院、當它沒有出現在我眼前、當它沒有在我面前呈現出它的樣子，戲院仍然是存在的。但是，當

「我感覺到自己正在看」，「我看到戲院」的這個感覺完全窮盡了該感覺的本質；我知道自己在「看」，這個行為對我來說明顯且直接。如果我正處於幻境，這座戲院就不是真的存在，但是任何人都不能抹去我眼中的戲院景象。

基於這種推論，我們可以瞭解到，思想之所以存在，其依賴的宇宙之基本事實就是思想本身。而思想之所以能作為它自身依賴的基本事實，是因為它完全呈現出自我，它是純粹的現象、純粹的「我的感覺」。這是笛卡兒的偉大發現，它就像中國的萬里長城，將哲學史切分為兩半：古代和中世紀哲學為其中一半，整個近代哲學為另一半。

但是，我對自己說的這些話一點也不滿意。正如你們看到的，我一直在討論非常重要的問題，那就是心靈在理論上的首要性，也就是精神、良知、「我」，或是可以當成放諸四海皆準之事實的「主體」；這乃是宇宙中最為基本的事實。現在，近代的人們不僅意識到這個問題，也開始思索它，這讓希臘流傳下來的哲學寶藏又多增添了偉大的概念。我們必須強調這點，同時也必須盡全力澄清它，以近乎瘋狂的投入程度瞭解它。所以，請原諒我一再提到這個問題，並以各種不同的方式讓你們完全瞭解心靈是什麼，每個人都需透過不同的方式以瞭解意識狀態、思想、主體性、精神，以及「我」是什麼。

我們在尋找宇宙之中的基本事實。但是，到底是什麼東西需要依賴宇宙的基本事實呢？當然就是知識。我們尋找的這些基本事實乃是與宇宙有關之知識的基礎，我們必須以這些基本事實為根基，出發尋找欠缺之事物。那麼我們何時才能說自己已尋獲知識的根基呢？很明顯，當它完全進入我們的知識，當我們發現自己可以清楚且明確的理解它，沒有任何難解的奧祕，也沒有任何懷疑，當我們的知識毫無疑問地掌握它，我們就可以說自己已獲得知識的根基。為了能在知識上把握某種東西，必須使這種東西清楚呈現在我面前，必須讓它完全呈現出原本的面貌，沒有任何隱藏。

很明顯的，任何存在於宇宙間卻沒有呈現在我面前的東西，就不是基本事實。一切非自己思想、非自己心靈的東西都不是基本事實。因為要讓某種東西呈現在我面前，我必須用某種方式使它進入我的心裡，我必須思考它。任何我沒有在思考的東西，事實上都存在於我的思想外，也就是說，這些東西不在我的面前。我沒有親眼看到它的存在。但是，當思想出現，它就是我唯一呈現在自己面前的東西；當我們認為自己看到、聽到、想像到什麼東西，我們所見、所聽、所想像的心理活動就是思想，思想和它自己完全緊密結合，它完全掌握自己。如果我認為二乘二等於五，雖然我的思想內容是錯的，但是「我認為它是如此」的這個思想活動本身卻是真實不假。

思想是基本的與料，因為思想總是與其本身密不可分，它是唯一能夠呈現在自己面前的東西，它是唯一能夠在自我之中尋獲自我的東西。現在，我們知道為什麼「懷疑」的刺激只不過是刺激，懷疑的刺激只是更廣泛觀念中的一種尖銳的、概念化的棘手公式。懷疑本身之所以不容懷疑，並不是因為任何特別的原因，而是因為懷疑就是許多思想中的一種。如果我們說「我的懷疑」是無可置疑的存在，同樣的，我們所見、所聽、所想像，或是我們的意念、感受、愛、恨、所欲和無所欲、我的牙痛也都是不容懷疑的存在。這些東西的共同點就是它們都是表裡一致的真確感受。如果我覺得我的牙齒痛，所謂「牙痛」這個事實便毫無疑問地存在於宇宙間，它的存在足以證明它自己，或者我們可以說，它自己證實了自身的存在。宇宙間是否真的有牙齒這種東西還是個疑問；這就是為什麼詩人海涅[5]對某位女士說：「夫人，我告訴你，我內心牙痛」的原因，雖然我們感受到的痛苦十分明確，但是當我們抱怨時卻常會搞混痛苦的來源。

思想和主體性所具有的特殊性質乃是宇宙中獨一無二的，多年的教學經驗告訴我，地中海各國的人民很難瞭解這種特殊性質（而且這種現象並

5 譯注：Heine，1797-1856，十九世紀最著名的德國抒情詩人。

不是偶然發生的）。但是，對北方人民來說，思想和主體性所具有的特殊性質卻顯而易見。正如我所說的，主體性的概念是整個近代時期的基本原則，因此我告訴你們，地中海人民無法瞭解這種特性，正是地中海各國沒有完全現代化的諸多原因之一。每個時代的風氣就像氣候，其中必然存在著某些具有啟發性與組織性的主流生活原則；當這股風潮不適合某個民族，他們就會失去生活上的興趣，用體育運動的專有名詞來形容的話，這種情況就是「失勢」，就像生長在逆境中的植物只求勉強生存下去。在這個所謂現代，西班牙人民一直處於這種情況下。他們對這種現代的生活型態不感興趣，覺得這種型態不適合他們。可是他們也沒有辦法反抗時代的風潮，只能等待它漸漸沒落。

但是，如果我們認為應該揚棄這種作為現代性基礎的主體性概念，認為應該由另一種更深刻、更穩固的觀念來取代它或是取代某些部分，這就表示新的風潮已經成形，已展開新的時代。由於這個新時代的展開代表前一個時代的否定，也就是現代性的否定，因此，覺得自己在現代備受挫折的民眾將可在新的時代中新生。或許西班牙將因此對生活與歷史產生全新的體認。那麼，有沒有可能這個過程的結果，就是要讓我們相信這種想像已成事實，讓我們相信另一種觀念已取代主體性的概念，讓我們相信現代性已經結束了呢？

不過，由於這種認為主體性、心靈與意識的首要性是宇宙基本與料之觀念如此強大、穩固而且堅定，以至於我們根本無法想像自己能夠輕易推翻它；相反的，我們必須置身其中，要去瞭解它，最後融會貫通。否則我們根本別想克服它。綜觀整個歷史過程，所有的征服必然伴隨著同化；我們必須吞沒那些想要克服的東西，吸收原本想要拋棄的東西。在精神生活中，若想取代某種東西就要先保留它，正如第三級階梯之所以比前面兩級高，是因為有前面兩階作為基石。如果沒有這兩級階梯，那麼第三階就變成了第一階。想要超越現代，唯一的方法就是先徹底成為現代。西班牙天主教神學院諸公從未超越現代觀念，因為他們從來就沒有真正接受它們，而是頑固地停留在現代觀念之外，他們既不引導它們，也不試著同化它們。肉體生活之所以和精神生活不同，是因為在精神生活中，新的觀念必然包含著那些曾經孕育它們的舊觀念。

不過，讓我們先回到基本與料，也就是回到思想上。

方法學的懷疑（當懷疑有其明顯意義時就該懷疑）對笛卡兒來說不是偶然發生的事情，這和他最早提出的「懷疑是不容懷疑」之前提不一樣。相對來說，普遍懷疑的決心，只是用來產生另一種更積極決心的手段：一種認定「任何無法證明的東西，都不承認它們是科學內容」的決心。那麼，在這樣的定義下，科學或理論也只是一套由許多已證實之命題（一些對真實世界的紀錄與描述）構成的系統。相較之下，方法學的懷疑不是哲學的探險，它就是哲學本身，它只是展現自己原有的本性。每個證明都是為了證明自己經得起考驗，理論就是一種證明，換言之，當一個命題值得懷疑，理論就是針對懷疑提出的反向證明。如果我們從不質疑「證明」是否真的存在，那麼我們就永遠不可能獲得知識。

作為終極理論依據之意識

不論過去或現在，這種方法學的懷疑都大大影響了我們，它讓我們知道，在所有的知識中，最重要的基本事實就是思想本身。唯有思想，我們才可以說「當我思考它，它就存在」，除了思想之外，其他任何事物都不可能如此。當我想像獅頭羊妖和半人半馬怪物，它們並不會因為我的想像而真的存在於世界上，正如這座戲院並不會因為我看到它而使它存在一樣。然而，我們卻可以說，當我思考，這個思想確實因為「我在想」而存在。所以說，思想有其特權，它能夠使自己存在，使本身成為事實；或是我們用另一種方法解釋，比如以其他東西來說，它們存在的事實和「我在想它們」完全是兩回事，也因此，它們只是疑問而不是事實。但是，要讓我的思想存在，只要我認為我在想它就夠了。在這裡，思想和存在同為一體。只要我意識到我在思考，那麼思想的事實就存在。存在就是體認，存在就是覺知。關於覺知的基本事實是：覺知就是覺知本身，除此之外別無其他。

這種用來肯定「思想存在於宇宙之間」的確定性具有一種特質，與用來肯定任何其他存在事物的確定性比較起來，前一種確定性可說是獨一無二；發現了這種確定性後，我們就必須當它是宇宙間所有知識的根基。對理論而言，與真實世界有關的第一個真理就是「思想存在」。我們不能以外在世界的真實性作為出發點：因為我們四周的所有物體，包括我們的身體，都可以懷疑它們是否在我們不思考它們時仍獨立存在。但是從另一方面來說，這些我思考的事物都存在於我的思想中，成為我的看法、我的認知，這一點是我無法懷疑的。於是，心靈就變成支持一切實在的中心。無論我的心靈在想什麼，它所想的內容狀態就具有不滅的實在性，只要我承認這些思想，只要我認為它們是我的思想。這個原則使我們試著創造出一套可以用來解釋各種存在事物的理論系統，透過這套系統，那些既非思想也非觀念的事物就只有在被思考或成為觀念時才會存在。這個思想體系就是「唯心主義」（idealism）。自笛卡兒以來，現代哲學的根基就一直是唯心主義。

不久以前，如果懷疑外在世界獨立存在，這種想法稱為重大的矛盾，這種「認為外在世界只是心中的思想投射」的懷疑想法，將會直接讓現代哲學與生活信念之間產生衝突。自笛卡兒以來，哲學便一直朝著與心理習性相反的方向前進，它以快速的步伐在生活的洪流中逆流而上，這種取向歷經了萊布尼茲、康德、費希特以及黑格爾後達到極致，此時，哲學已變成一個倒過來看的世界，成為一種主張與自然相反的偉大先驅，成為一種充滿奧祕的智慧、一套難以理解的教條。思想已然吞噬了整個世界：事物只是心中的概念。

稍早之前我提到一段話，海涅問他的朋友說：「夫人，你對所謂的觀念有何看法？因為我昨天問我的馬車伕：『觀念』是什麼？他回答說：『觀念……觀念，為什麼觀念是人們放在腦海裡的東西？』」三個世紀以來，也就是整個近代，唯心主義哲學這輛光彩奪目的馬車都被海涅的馬車伕駕馭著。直到現在，我們的主流文化仍然受它牽引，無論我們的心智多麼誠懇，也一直無法脫離它的掌控。曾經有人試著跳脫，但是沒有成功：

他們試著跳下馬車上的小窗，結果只是弄得自己頭破血流，而那受傷的頭，就是海涅的馬車伕認為裝滿概念的地方。

唯心主義之所以有著優越的地位，是因為它發現了一種東西，這種東西的存在方式與其他東西完全不同。即使假定宇宙間存在其他東西，這些其他東西的存在也不會是因為其本身，因為認知到自己而存在。顏色、物體、原子，或是其他任何物質都不是這樣，某一顏色呈現出白色、綠色、藍色，但它並不能因此證明自己的存在。一個物體有重力、有重量，但是該物體本身並不能證明重力或重量的存在。柏拉圖的觀念也不是自我實現的東西：善的觀念或平等的觀念並不是因為它覺察到什麼是善、什麼是平等而存在。亞里斯多德學派中所謂的「形式」（form）也不是因為自我體認而存在，亞里斯多德的「上帝」（無論其定義如何）也不是自覺的，同樣的，斐羅（Philo）的「道」（Logos），普羅丁以及四部福音作者之一聖若望所說的聖言亦非如此，就連中世紀聖多瑪士阿奎那（St. Thomas Aquinas）所謂的靈魂都不是自覺的。事實上，這是現代特有的觀念。

如果人們能夠抱著懷疑謹慎的態度瞭解我說的這些話，我會說，所有這些事情的存在根本不是因為其本身，也不是因為對本身的自覺，相反的，它們是因為另一種事物而存在。紅色之所以為紅色，是因為看它的人認為它是紅色，柏拉圖所說的完美的善，也是因為能夠體會到這種善的人才得以實現。因此，當埃及亞歷山卓城（Alexandria）的新柏拉圖學派（the neo-Platonists）尋找柏拉圖的理想對象、並且混淆不清地把柏拉圖的理念視為上帝的心靈內涵時，古代世界也因此終結。整體來說，古代世界只知道一種「外顯」的存在方式，從而展開自己、顯露自己，將自己指向外在世界。所以，他們將存在之事物（也就是真理）的發掘過程稱為「發現」、顯示或展露。相反的，笛卡兒的哲學思想則著眼於能夠證明自己存在、能夠指向自己內部存在、能夠自我解釋，以及能夠自我省思和內化的事物。和那些指向外在的自我相比，和那些古代人所認為的外顯自我相比，我們看到的乃是新的存在方式，這是由內而自我證成的存在，一種純粹私密與反思式的存在。這種實在性如此奇妙，我們必須為它找尋新的名稱；將這個內省的自我稱之為「靈魂」並不恰當，因為如亞里斯多德所說，古代的靈魂和肉體都是外在的；聖多瑪士阿奎那也認為靈魂是身體的活力來源。因此，聖多瑪士阿奎那很難界定「天使」，天使是沒有肉體的靈魂，但是亞里斯多德定義的靈魂卻包括肉體的活力。

但是思想和肉體毫無關係。此刻，我的身體只是我心中的觀念。靈魂既不在肉體中，也不與肉體同在，然而肉體的觀念卻存在我的心和靈魂中。此外，如果肉體竟然是存在於我之外的實在、是一種具體有形的實在、是物質而不是觀念的話，這就表示肉體和靈魂、物質和心靈，彼此毫不相干，無法觸及彼此或產生任何直接的關聯。笛卡兒是第一個將物質世界和精神世界依其本質之不同而劃分開來的人，因此，外在世界的本質和內在的東西是完全不相容的。這項觀點可說與古代哲學形成對比與衝突。對柏拉圖與亞里斯多德來說，物質和他們所謂的精神（對我們這些承襲笛卡兒思想的人而言，這種精神是一種偽精神）就像是我們對於左右正反的定義一樣，物質承載著精神，精神賦予物質形體，因此，古代哲學家認為精神與物質彼此相關，這個定義與現代人不同，現代人認為兩者互相矛盾、彼此排斥。

如鷹一般的自我

在笛卡兒之後，人們把思想這種自我證成、自我實現以及自我確認的東西稱為「良知」或「意識」。笛卡兒所說的意識不是靈魂，不是心靈，也不是「靈魂」（psyche，指的是氣或氣息，因為它賦予肉體活力、為肉體注入生氣，像海風推動帆船那樣驅策肉體），而是良知，也就是自我體認。從這個名詞可以明顯看出思想的屬性，思想是一種自知、自持、自省、自我回歸的「內在性」（withinness）。

良知或意識，指的是一種反省、一種內在性，不是其他的東西。當我們說到「我」這個字，我們表達的是同一個東西。當我說「我」，指的是我自己：我的存在只和我自己有關，「我」所指涉的對象就只有我自己。在我回歸自身、退回到自我時，不是離開自我，相反的，是永無止盡地回歸自我，我就是我。因此，當我們說「我」，我們的食指會指向自己的胸膛，我們很自然地做出這個動作，並以這個有形的手勢象徵無形的自我回歸與反省本質。因此，向來主張唯物論的斯多噶學派（Stoics）認為這個手勢證明人的光輝靈魂，也就是「我」乃存在於外向的自我中。「我」就像是獵鷹，永遠會回到主人（自我）手上，它的完整存在就展現在它向內心深處俯衝的姿態中。這隻獵鷹飛離穹蒼、飛離宇宙，又同時回到自我，在自己的內心落定，它的羽翼既是用來飛翔的翅膀、同時也是支撐著自己飛行的氣流，我們或許會稱它是一種不是飛翔的飛翔，或者說是精神上的飛翔。然而，將如此奇妙的實在視為意識，這難道不是背離生活？這種態度難道不是與我們理所當然的生活態度完全相反？指向周遭世界的外向生活不是很自然嗎？相信外在世界的實在性不是很自然嗎？倚賴著偉大的外在世界，就像倚賴著支持我們的穩固腳步，好似飄浮於存在之上不是很自然嗎？人們怎麼會有這種發現？怎麼會有這種反自然的轉變呢？人們如何轉向自己並發現內在的自我？又是如何體認到這樣的自我只是反省，只是內在的呢？

然而，還有更重要的東西：如果意識是人的內在自我，如果意識是一種自我體認和自我證成，那麼意識將只和自我交流。因此，雖然笛卡兒沒有明顯表達出來，但他卻切斷了連結我們、使我們與外在世界融合的那條線，切斷了我們與物體、他人之間的那條線；他讓每個心靈各自獨立。然而他並沒有強調其中所具有的涵義：心靈各自獨立，不僅表示沒有任何外在東西可以進入靈魂，世界也無法向我們傳達它豐富的實在性，同時還代表相反的情況：心靈只和自己接觸，它無法離開自己，意識不但獨立自守，也彷如隱士歸隱之處。當我們發現真正的自我，會發現自己孤獨地處於這個宇宙中，從本質上來看，每一個「我」都是孤獨的，徹底的孤獨。

有了這個觀點後，我們已進入尚未探索的領域。在演講的一開始，我曾經說過，我要介紹成熟的思想給大家，其中有很多都是新的思想。我再次強調，我要討論哲學中的基本革新。明天我們將進入這個未知的世界。

第八章

主體性的發現

古老的「出神狀態」與「精神論」
現代主體性的兩個根源
基督教的超越性上帝

直到笛卡兒的思想出現，西方哲學才終於發現意識、主體性以及「我」。正如我們看到的，人們之所以體認到這些特性，乃是因為我們瞭解在宇宙間無數存在的事物，有一種東西的存在方式和其他存在物完全不同：它就是思想。當我們說這座戲院存在，我們指的到底是什麼？無論我們如何詮釋「存在」，我們最終是否能理解它的真正意義？說這座戲院存在，也就是說它位於某處。但是，「某處」又是什麼意思呢？「某處」是指世界上的某處，宇宙中的某處，在真實世界的一般範圍之內。說這座戲院存在，也就是說它在馬德里的某個地方，屬於西班牙古代王國卡斯提亞（Castile）的某處，而卡斯提亞則座落在稱為行星的更大物體上，這個所謂的行星又屬於天體系統……。就「在某處」（being there）來說，事物的存在指的是某些事物依賴其他事物的支持，因此也就表示某些事物依附著其他事物，位於其他事物之上。從這個意義來看，所謂事物的存在，其中帶有靜態的意味，甚至有擺放在其他事物之上的意思。這難道不是我們對「在某處」這三個字真正理解的意義嗎？

另一方面，當我說我的思想存在，我說的存在不是指它「在某處」，恰恰相反的是：我的思想存在於我意識到它的時候，也因為我意識到它，它才存在，也就是說，當我想到它，它便因自身而存在，證實了自己的存在。然而，如果我的思想只在我想它的時候存在，只因為我想它而存在，當我從事思想活動、思考時，我的思想才存在，那麼它的存在本質就與事物的存在本質不同，它不是被動地依附在其他事物之上，也不是一堆事物彼此相互依賴的單純形成過程，它不是一堆靜止的事物，而是活動的過程。因此，思想並不是定位，不是在這裡或在那裡，而是不斷自我創造與再造，一個持續不斷的啟動過程。這表示當我們發現思想所擁有的這項特質，我們也同時發現一種與其他事物之存在方式完全不同的存在方式。如果我們所說的「事物」指的是某種靜態的存在，那麼，思想固有的存在方式，便是一種充滿純粹靈巧的活動過程，一種自我產生的活動。思想是真實、獨特，也是唯一的一種自發力量，它是自動的，它會自己驅策自己。

我們曾說，思想就在於反省，在於反映自己、考量自己。但是這種說法假設思想具有二元性，認為思想可以自我懷疑；這種說法認為「反思」以及「被反省的思想」兩者同時存在。我們至少應該稍微分析（無論多簡短都沒關係）構成思想的最基本元素，唯有如此，我們才能清楚瞭解現代哲學常用到的概念，例如主體、「我」或是自我，以及意識內容等。由於思想的認知對象必然涉及本身以外的其他事物，我們必須先澄清這些最根本的概念。我們現在正在看這座戲院，由於我們只單純活在這個「看」的過程中，因此覺得這座戲院存在於外界，存在於我們之外。但是，現在我們知道這個信念是令人懷疑的，這個信念乃是源自於無意識之思考，也就是忽略其自身的思想活動。對沉溺於幻想的人來說，幻想中的戲院似乎和矗立在我們眼前的戲院一樣真實。這讓我們瞭解到，「看」並不是主體脫離本身所連結之真實物體的過程。在這一刻，幻想中的戲院與真正的戲院不在其他地方，而是存在於我的心中；它們都是我的心理狀態，都是思想。十八世紀末期開始，人們一直傳誦它們是意識的內容、自我的內容、思想主體的內容。除了我們的思想，其他一切事物的實在性都是不確定的，它們充其量只是由意識內容的實在性中衍生而來。外在世界存在於我們心中，存在於我們形成觀念的能力中。世界是我創造的產物、是我的想像，不夠精確的叔本華也曾這樣粗略地說。思想就是實在。嚴格說來，產生思想的活動、思考過程和意識存在時，「我」才存在。

當然，我心中存有各種豐富多變的景象；我曾經誠摯相信與我有關的一切，我曾經身處的環境以及依賴的一切，現在都重生為我心中的萬事萬物。它們都是我的主觀狀態。「看」並不是向外遠離自己，而是找尋自己心中的那座戲院，去找尋名為「宇宙」之表象的蛛絲馬跡。意識永遠是表裡合一的，它既是房子也是住在房子裡的人，它是內在性，即我和我自己最基本也最高的內在性。這個構成「我」的內在性，讓「我」成為與外隔絕、沒有窗戶，也無法窺探外面的東西。如果我的內心有窗戶、門孔，那麼外界的氛圍就會滲透進來，所謂外在的實在性就會侵入我的心，出現一些原本不屬於我的東西，有人會進駐我的內心，我的內在性將不再單純，也不再專屬於我。「我的存在乃是內在性的存在」這項發現，雖然讓我得到能夠與自我接觸的快樂，不用只視自己是諸多外物之一的快樂，但它卻也帶來了不便，因為它把我囚禁在自身之中，讓我成為監牢與囚人。我永遠禁錮在自身中。我是宇宙，然此同時，我也是孤身一人。孤獨就是構成「我」的元素，就是交織成「我」的絲線。

主體性的發現

這就是我們前幾天說到的地方。支配整個現代文化的唯心主義命題，無疑是最堅固的，但是，如果我們從典型布爾喬亞階級以及日常生活的觀點來看，這種命題也同時是狂亂的。再沒有比這更大的矛盾了：它完全顛覆非哲學生活對於宇宙常見思想的方式。此外，我以前說過智慧英雄主義乃是哲學思考過程的特色，而現在我們見到的正是最佳範例。它是我們推理活動要求的最終結果，它是由純粹理論引領的通往遠方之旅程。它很可能會帶我們帶到布爾喬亞階級（這些人總是圍繞四周）認為荒謬愚蠢而拒絕接受的地方。

然而，這個唯心主義的命題有某種特別奇妙的東西，它的奇妙之處來自發現主體性和內在思想，而這也正是唯心主義的出發點。因為，事實上古人根本不知道主體性、反省、內在以及單一的存在方式。

我不知道這兩個事實中哪個比較奇特，是古人無法明瞭自己的存在、無法明瞭主觀自我存在的事實，或是現代人像發現新大陸那樣發現自我。這個題目重要而且新穎，但是卻很難論述。我不知道是否能讓你們明白這個題目。我唯一能確定的，就是我將盡最大的努力為你們解說。

如果我們從已發覺的意識、主體性以及「以自我為中心的存在狀態」之思想模式出發，並用圓來描繪內在自我，我們的內在和發生的一切將會填滿這個圓。這個圓的中心代表著所謂「我」的意識要素，它的職責就是作為一切活動的主體，作為「眼看」、「耳聽」、「想像」、「思考」、「愛」與「恨」的主體。所有的心理活動都具備這個共同特質，宛如這些活動都是從相同中心點散發出來；這個中心點以充滿活力的姿態展現在每個心理活動中。比如說，所有「看」的活動，都有一個人在看；所有

「愛」的行為，都有一個人在愛；所有「思考」當中，都有一個人在想。這個人就是所謂的「我」、「自我」。這個在看或想的「我」，並不是脫離看或想的獨立實在體，它只是構成每個心理活動的部分要素，我們稱之為「主體」。

如果這個「我」能夠代表我們的意識與覺知中心，那麼，我們內在的其他事物就會布滿圓的周圍，也就是說，所有關於聲音、色彩、形態、物體的表象占據這個圓的周圍，被圍繞在我們四周的自然或宇宙的外在世界占據。

在人的生活中，這個由物質事物構成的廣大四周不斷吸引我們的注意。「注意力」是「我」的基本活動，它指引並掌控「我」的其他活動。因此，要看或聽，只有這些東西出現在我們面前是不夠的。那些居住在大瀑布附近的人，最後反而不再注意瀑布流洩而下的聲音，此刻，我們看到的這部分，只是構成戲院可見形體的其中之一，只是我們注意力所及、目光專注的部分。所有看的活動都是注視，都是用眼睛尋覓；所有聽的活動都是傾聽，都是以耳朵留意。

所以我說，稱為自然的這個外在世界急切地吸引人們注意，不斷將生存和防禦等問題擺在人們面前。人類的生存，特別是原始時代，就是不斷與自然、萬物搏鬥，每個人都只能持續不懈地解決物質生活的需求。這意味著人類只注意自己存在的周遭，只注意可見可觸的東西。人們的生活中，所有的注意力都放在廣大的四周環境。如此一來，「我」就總是投射在那注意力所及之處；對這樣的「我」來說，只有注意力關注的事物才算存在。如果用比喻的方式，我們可以說，圓唯一存在的部分就是劃定它的那條曲線，也就是說，它的主體總是停留在圓周上而沒有往圓的內部移動。有時候，身體上的痛楚、內心的煩惱偶爾會讓注意力從四周回到圓的中心、從自然回到自我，但是這種情況瞬間消逝。由於注意力不是用來對著自己的內在，因此它總是朝著最初且習慣的方向，也就是它喜歡回去攀緣四周的事物。這或許就是我們所謂意識的「自然」態度，對這種態度來說，只有無垠的世界和由物質構成的世界，才是存在的。人類總是時時注意自己未知的領域，總是注視著外面、全神貫注著自然、注意外在的一切。

古老的「出神狀態」與「精神論」

如果我們可以想像動物的心靈（雖然這種假設總有疑問），那我們或許可以說，動物的內心情況和「自然」的人有些類似。要知道，動物隨時都保持警覺。野馬的耳朵就像兩支活動天線或潛望鏡一般，這告訴我們，就是動物永遠注意著四周的動靜。看看動物園裡那些關在籠中的猴子。這些類似人類的猿猴總是注意著所有的東西，真是奇怪。四周的任何風吹草動都逃不過牠們的眼睛。從語源學來說，所謂「出神」（ecstasy）的意思就是「站在自身之外」。從這個意義上來看，動物永遠活在出神的狀態，由於外在急迫的危險，牠們總是注意著自身以外的東西。在這樣的情況下，如果把注意力向內轉向自己，牠們就沒辦法專心關注外界的動靜，而注意力一旦分散，動物有死亡的危險。大自然原本就是殘酷的：它不容許絲毫分心。一個人必須擁有一百隻眼睛，要不斷地問「誰在那裡？」好迅速獲知周圍環境的變化，以便用適當的舉動回應。注意自然就是生命的行動。純粹的動物就是表現出純粹行動的人。

因此，原始人是活在自己的前頭，他著眼於廣大的四周，完全拋諸自身於腦後。「我」直接注意事物；正如陽光穿透玻璃，既不會停留在玻璃中，也不會注意到玻璃的存在，「我」也是直接穿過自己的內在世界，直接到達事物身上，並專心注意它們。從生物學的觀點來看，這是再自然不過的事，這也是人類如何忽視自我，以及為什麼應該忽視自我的原因。

真正令人訝異、讓人著迷，並且需要我們解釋的，是與上述情形完全相反的情況。人類的注意力主要是離心並指向外圍環境的，它要如何才能不顧周遭世界，將「我」轉而向內看著自己呢？很快的，你們就會瞭解這個內觀現象必須有兩個前提，其中之一是讓主體脫離外界吸引，另一個則是讓主體注意到內在的自己。兩者相輔相成，缺一不可。如果注意力只是從外界移開，它還可以轉到其他事物上。然而，當注意力從外界移開，並無法保證它會發現內在世界並且回到本身。比如說，如果想要讓女人愛上男人，僅僅不讓她和其他人相愛是不夠的；前者必須想辦法吸引她的注意。

但是，在我們簡單解釋對人類如此關鍵的事件之前，我們或許應該要先瞭解古希臘哲學的思想模式，也可以說是整個古代的普遍思想模式；要瞭解古希臘哲學的思想模式，得先回想我們之前討論過的「心靈最自然且重要的態度」。近幾年，在歷史上獲得的重要進展，尤其是哲學史上的重大進步，就是我們誠心誠意坦承自己並不瞭解古代的思想家。只要我們抱持這種真誠的態度，必定能獲得實質上的回報。一旦我們承認自己不瞭解他們，就能夠開始瞭解他們，也就是說，我們開始注意到他們的思考方式與我們不同，接著才去尋找其思考方式的關鍵所在。這無關他們與我們的學說有多大差異，真正的關鍵乃是在於他們的心靈態度和我們有所不同。

基本上，古人仍然保持原始人的心理狀態。古代人和原始人一樣，他們的生活與萬事萬物息息相關，對他們來說，宇宙中唯一存在的東西就是具有實體的事物。他們或許偶爾會瞥見自己內在的東西，但是，正因為只是一瞥，所以是不定的，事實上也是偶然發生。從態度上而言，希臘人的心靈確實是原始的，只有一個地方例外，那就是希臘人並不只是注意外在世界，他們還會以哲學的思考方式探索外界，他們會不斷修正自己的概念並轉化周遭的實在事物為純粹的理論。這樣的影響下，一個由外在具體事物構成的實在世界便深入了希臘人的觀念。「觀念」（idea）這個名詞以及它的相關詞彙，代表的意思就是「可見形象」（visible figure）或「外觀」（aspect）。因為除了物體，自然界還有許多活動和物體變化，因此，希臘人從這些活動和有形的變化中，聯想到其他不可見的事物和無形的東西。這些無形、非物質的事物，最後也視為具體的東西，但是更精細、純淨，並且以精神的形式存在。

他們的觀念中，動物是由物質組成，並受到其組成物質的某種東西驅策；這個東西就是靈魂。然而這個靈魂毫無內在自我可言，我們雖然說它是內隱的，但這只是因為它藏在肉體內，深埋肉體而不可見。它是一種氣息、一股微風，或如泰利斯[1]所說，是少許濕氣，或如赫拉克里特斯[2]

1 譯注：Thales，西元前625-547年，古希臘哲學家，喻為「哲學之父」。

2 譯注：Heraclitus，西元前540-480年，古希臘哲學家。

所說，靈魂是火。儘管現代人還是以「精神」（spirit）這一名詞表示他們發現的內在自我，但是，希臘人和羅馬人卻認為「精神」和物體都是外在的，都屬於物體，是存在於宇宙中的力量。當然，據亞里斯多德所說，人類的靈魂擁有動物靈魂沒有的力量，正如動物靈魂具有植物靈魂缺乏的特質，但根據希臘人的想法，人類的靈魂和植物的靈魂都只不過是靈魂罷了。希臘人認為，人類的靈魂既是推理的能力，也同時是像植物般默默成長的力量。所以，關於研究靈魂的科學「心理學」，亞里斯多德視它為生物學的一部分，也就不足為奇了。

亞里斯多德的心理學理論將人和植物相提並論，對他來說，靈魂並不是「最內在之存在」的基準，而是身體活力的普遍基準，它是（或者說它只是）運動和改變的原動力，希臘人甚至認為連礦物也有靈魂，例如星球天體的靈魂。在希臘人的觀念中，靈魂象徵神祕的超自然力量，只是這種力量是外在的，人們很自然認為它是種類似磁性的力量，如此才能解釋擁有靈魂之可見形體產生的吸引力。如果有人把亞里斯多德的「精神論」（spiritualism）理解為現代所謂的「靈性」（spirituality），這或許會讓人感覺不誠懇，或者是對歷史有些無知。然而，如果我們試著將現代人對意識的概念帶進亞里斯多德的精神中，那麼，我們就不能說這種態度不夠真誠，也不能說它沒有意義了；因為根據亞里斯多德的說法，星辰也有靈魂，也就是說，星辰也有意識，正因為意識乃是對自我的純粹感知，它才能驅策龐大的天體。

希臘人從未將靈魂視為自己的內在力量，而是看成近乎具體物質的外在東西。因此，他們將感官知覺，甚至所有的心智活動都視為物體之間的衝撞作用；有形的事物碰撞到所謂的靈魂，並且在靈魂上留下印記。在與事物碰撞之前，靈魂就像塊原封不動的蠟板，一片空白。希臘人所說的靈魂在遭受碰撞前是完好空白的，就好像對焦於外界的底片那樣，底片上所印的全都是來自外界、來自大自然對它的傾注和附著，這樣的靈魂根本不具有內在性，也根本無法自我證明！這樣的靈魂和萊布尼茲所說的單子（monad）之間存在如此巨大的差異；單子具有巴洛克風格，沒有任何東西能夠進入其中，也沒有任何東西能夠從裡面產生，它獨立自生，宛如一道依賴著自身之豐富內在而生生不息的獨特泉水！未來我希望能更詳細討論有關古人的思想方式。但是現在我們必須趕快回到主題。

現代主體性的兩個根源

人類的注意力原本是向外的，怎麼會一百八十度的轉向自身？注意力為何不再向外尋覓，反而回過頭來專注主體？為什麼人類的眼睛會向內轉而注視自己，就好像壞掉的洋娃娃眼睛往內，轉向那紙漿糊成的腦袋？

這個轉變無疑是有史以來的最大事件，儘管沒有詩人作詩歌讚頌它，也沒有人以喧鬧聲響、流血衝突，或敲鑼打鼓的方式揚示它的存在。古代人的生活仍然和動物十分接近，他們和動物一樣，注意力都對著外界。現代人已經把自己擺在自身之內，他們轉向自己的內心，並且已經從無意識的世界中覺醒，他們擺脫植物、海藻和哺乳類遺留下來的沉睡狀態而掌握自己；他們發現了自己。將來有一天，他會像平常一樣走到外面，發現自己遇上了奇怪、未知且不尋常的東西；他雖然看不清楚那個東西，但是他會推擠它，而且他會在推擠的過程中瞭解，原來感受到疼痛的人是他自己，他會瞭解到自己既是向前推擠的人，也是被推擠的人，他會瞭解到他是在和他自己碰撞。「我感到疼痛，所以我存在。」我思，故我在。這是一個多麼邪惡的探險啊！為什麼說它邪惡呢？它不是神聖的嗎？如此特別的事件不是很有可能是上帝以特殊方式介入的結果嗎？然而是哪個上帝呢？是基督教的上帝嗎？是的，是基督教的上帝，也只能是基督教的上帝。但是，基督教的上帝到底是如何干預這個導致反基督時期的發現呢？這個可能性困擾著基督徒，也刺激著反基督的現代人。

基督徒是反現代的：他們堅決反對現代。他們拒絕接受現代的一切。對基督徒來說，現代乃是撒旦的孩子。相反的，現代人則是反基督的，對現代人來說，現代性就是為了要與宗教觀念相對抗才誕生。但是現在，有人卻告訴他們，現代性是上帝之觀念所結成的果實；而且正因為他們是現代人，所以當他們被要求承認自己是上帝的子民時，他們感到惱怒。這樣是在顛覆歷史、改變信念。反基督者和反現代者都不願被迫改變；他們寧願保持現狀。我們看到，存在的事物是絕對靈敏的，是不斷活動的。然而反基督者和反現代者卻都不願移動、不想存在；我們可以說，這些人對這種「反存在」的狀態感到滿意。

主體性的發現有兩個歷史根源，一個消極一個積極。消極的根源為懷疑論，積極的根源是基督教。這兩個根源相輔相成，缺少任何一個都無法產生這樣的結果。

我們知道，懷疑是產生科學知識的必要條件；它開啟需要由證據填滿的裂縫。擅長建構理論的希臘人以最標準的方式行使「懷疑」這項善行，而且自始至終持續著。懷疑論學派在這方面做得最為徹底。沒有人能比這些懷疑論學派的學者更善懷疑，就連笛卡兒、休謨[3]和康德都沒有進一

3 譯注：David Hume，西元1711-1776年，蘇格蘭哲學家、經濟學家和歷史學家，被喻為西方哲學史上最重要的人物之一。

步發展懷疑論。這些懷疑論學派的學者從主動和被動兩方面證明知識的虛幻：我們無法得知事物的真相，最多只能說我們覺得它們如何。然而，希臘的懷疑論者顯然還是希臘人，由於知識是關於存在事物的知識，而對希臘人來說，存在的事物就是外在的事物，因此，整個希臘懷疑論的對象都只和我們對宇宙真實事物的知識有關。

他們發展出一套相當現代化的方式，令人驚訝的是，其現代化的程度就連真正的現代人也比不上。根據這種方式，昔勒尼學派[4]會說我們無法認識實在，因為靈魂無法走出自己，只困在本身的範圍內，宛如生活在封閉的城市中。但這是最內在的發現嗎？關於這種主觀的存在狀態，我們是否還能有更確切、更具可塑性的描述方法？他們的看法真是天大的錯誤！擁有這種想法的希臘人，並沒有看到其中的正面元素。他們說的話，意味著人們無法脫離這個世界，但是他們沒有發現，在這種無法走出去、只能關在自身領域的情境中，其實存在比外界的真實事物更穩固、更基本的嶄新實在。從歷史上的例子中，我們可以清楚看到，要發現一項新事物，單單只有智性的敏銳是不夠的，我們還要對這些尚待發掘的新事物抱持熱忱與喜愛才行。理解就像是一盞燈籠，這盞燈籠一定要用手提，而手的動作又必須藉由對某些可能事物的預先想望推動。總之，人們只會發現自己想要尋找的東西，如果人們想要瞭解某些東西，也要以「愛」作為動力。因

4 譯注：the Cyrenaics，主張人生的唯一目的就是追求快樂，故又稱「快樂主義學派」。

此，所有科學的誕生都是源自於熱心探究者的熱情。

然而，當代人在學問上的迂腐心態，已經使得「熱中者」（enthusiast或aficionado）這個名字失去意義；但是「熱中者」對事物的熱情無人能及，這股熱情就是一切的根源，是所有事物的種子。我們對於「愛好者」（lover or dilettante）的看法也是一樣。有「愛好」作為動力，我們才想理解某些東西。這個重要題目值得投入時間與精力討論，它將告訴我們為什麼尋求者本身就是「愛」的本質象徵！你們是否曾想過「尋求」背後的驚人本質？所謂尋求者，必然是尚未找到所尋之物的人，他們甚至不知道自己要尋找什麼；另一方面，尋求這個舉動必須預先假設所尋之物存在，實際上來說就是要預見所尋之物。尋求，就是預期某種尚未出現的實在。

只注意那些吸引他並點燃他愛火事物的人，不會瞭解什麼是愛。如果對某一個女人的愛是因為她的美貌，那麼，這種由美貌所帶來的愉悅感將無法建構出愛及愛之過程。一旦喚起愛，就會不斷散發出怡人的氛圍，愛存在於忠貞和充滿感情的光輝中，籠罩著被愛的人，因此，她的其他特質與完美之處都會清楚呈現，我們也會認識到它們的存在。相反的，恨會在所恨之人身上投射負面的光線，我們看到的就只是他的缺點。所以，愛會預先安排並預備被愛者的可能優點。愛會讓我們看到不愛時看不到的東西，因此，愛使我們豐富。最重要的，一個男人對女人的愛，會讓這個男人試著轉變、超越自己，這股力量激起我們內心那股遷徙的傾向。

基督教的超越性上帝

但是，就讓我們離開這些充滿熱情的旅程，重新回到我們的主題。我們已經知道懷疑論如何教人不要相信外界的實在，進而對外在世界不感興趣。但是，即使人們可以做到，他們仍然不一定能看到內在的自己。正如赫爾巴特[5]所說，「每個優秀的創始者都是懷疑論者，但是每個懷疑論者都只是初學者。」

這些初學者缺乏積極的動機，也缺少了對主體性的興趣，因此他們無法回頭注意自己並將自身置於關注的焦點中。這種缺乏是基督教造成的。希臘人心目中的神，只不過是宇宙中至高無上的勢力，高高屹立在所有外界實在之上，是崇高的自然力量。在金字塔的結構中，最高點聳立於整個金字塔之上，但它仍然是塔的一部分。因此，希臘宗教裡的神祇雖然高居世界的頂端，但祂們仍然是這世界的一部分，也是其中最美的花朵。河神和森林之神、穀物之神與雷電之神，都是現實世界中這些真實事物的神聖象徵罷了。

猶太人的神乃是伴著雷電而來。但基督教的上帝卻和雷電、河流或五

5 譯注：Johann Friedrich Herbart，西元1776-1841年，德國哲學家及教育家。

穀毫無關係。祂是超越性的神，也是超越世俗真理的神，宇宙中的任何實在都無法與之比擬。祂身上沒有任何地方屬於世界，就連腳尖也不觸及這個世界。正因如此，基督教最奧祕之處在於「道成肉身」[6]。一個完全超越俗世的人竟然墮入塵囂並且「與我們同在」，這真是最令人無法理解的矛盾。從邏輯上來看，這可以說是基督教最神祕難解的疑問，然而，對希臘神話來說這卻是再平常不過的情況。在希臘神話中，奧林匹克山上的眾神無時無刻不以俗世的軀體出現，有時候甚至化成比人類低等的生物，就像天神宙斯變成天鵝親近王后麗妲，或是化成野牛擄走美女歐蘿芭。

但是基督教的上帝卻是超越性的。基督教告訴人們要跟這樣的神接觸。怎麼可能發生這樣的接觸呢？人們不但不可能透過這個世界或俗世間的事物觸及上帝，而且世間之物只會成為與神接觸的障礙。為了與上帝同處，人們必須捨棄世上的萬事萬物，將它們視為不存在的東西，因為在上帝面前，世俗的一切其實都不存在。靈魂為了親近上帝，為了與神接觸，為了救贖自己，終於有如懷疑論者一般懷疑一切。它否定世界的實在性，否定其他存在事物的實在性，否定國家、社稷以及人類肉身的實在性。直到超越所有事物，人們才開始覺得自己是真正活著。為什麼呢？因為唯有如此，靈魂才能保持孤獨，才能孤獨地與神同在。基督教發現了孤獨，並以此為靈魂的本質。我要鄭重強調：孤獨正是靈魂的本質。現在，台下聽

6 譯注：incarnation，指上帝化身為耶穌來到人間。

我演講的你們沒有人知道這是什麼意思。孤獨竟然是靈魂的本質！那是什麼意思？請不要著急。我希望大家能夠猜想一下，現在我先不講明。但是毫無疑問，我會在適當的時刻讓你們明白這句話的涵義。

當靈魂遺世絕俗、脫離世界，也就是當它孤獨存在時，靈魂才真的是靈魂。除了透過孤獨，再沒有其他方式能夠與神為伴，因為只有在孤獨的籠罩下，靈魂才能觸及真正的存在。在基督教的觀點中，唯有上帝以及面對上帝的孤獨靈魂才是真正的實在；我所說的是基督教，而不是所謂的「基督教哲學」，稍後我們會知道，基督教哲學是拖在基督教後面的可悲且毫無用處的鍊子。這雙重的實在，也就是上帝和靈魂，乃是唯一的實在；此外，由於基督徒認為知識就是有關真實事物的知識，因此最好的知識就是關於上帝與靈魂的知識。因此，聖奧古斯丁說：「我欲知上帝與靈魂。沒有別的了嗎？沒有遺漏的了！」

聖奧古斯丁成為首位瞥見意識與自我即為最深奧祕的思想家，並非出於偶然；他是第一個發現「我無法懷疑我在懷疑」這個真理的人，也絕對不是偶然。令人意外的是，基督教意識型態的奠基者與現代哲學的創立者，在最初的想法上竟然不謀而合。聖奧古斯丁也同樣認為，自我存在於它知道自己存在時，存在就是認知。他認為在所有的理論真理中，思想的實在性是最首要的。人必須立足在這樣的實在之上，而不是立足於外在宇宙的可疑實在之上。「反求諸己；不必遠求。真理自在人心。」在這段話中我們看到人心才是最內在的，絕對內隱的。和笛卡兒一樣，聖奧古斯丁也在內心的最深處發現神。教人意外的是，所有宗教家談到聖德瑞莎所謂的「靈魂深處」時，竟然如此一致；而且，他們也都沒有遠求，而是在靈魂深處發現神的存在。基督教的上帝對俗世顯然是超越性的，但是也內隱在「靈魂的深處」。在這個混沌的隱喻背後，是否有任何的實在呢？現在我們先不探討這些目前還無法回答的問題。

然而，我們並沒有什麼根據斷定笛卡兒的概念早已出現在聖奧古斯丁的思想中，而且這種說法也不太公平。無論他們之間有多少地方相符，兩人之間的差距依然相當龐大。聖奧古斯丁擁有敏銳的宗教悟性，他憑藉著宗教直覺，發現內省的自我；同時，作為一個哲學家，他也清楚描繪出自己的直覺，並為它找到能與宗教相對應的科學位置。但是，聖奧古斯丁畢竟不是笛卡兒之屬的哲學大師，他缺乏那種靈光乍現的哲學天賦，以致無法像笛卡兒那樣顛覆整個古代意識型態，並建立現代的唯心主義。然而最重要的區別在於：聖奧古斯丁已經算是現代人，他和凱撒大帝[7]是古代地中海世界中僅見的現代人，但他同時也是古代人。因此，整個古代的心理態度一直緊緊尾隨他的新觀念。所以說，聖奧古斯丁的哲學是混亂的，他只能算是教會的聖賢，而不是經典哲學大師。

7 譯注：Julius Caesar，西元前100-44年。

另一方面，至今尚無人能證實那顯然很少讀書的笛卡兒，是否熟悉聖奧古斯丁的著作或是受到他的啟發。但是這些都無關緊要。與該概念有關的線索一直蔓延於當時的思想氛圍之中。聖奧古斯丁提出的意識概念在整個中世紀之後逐漸成熟，即使當時的經院哲學從不研究意識觀念並且鄙視它，這股思想的種子也還是不斷傳播開來[8]。從聖奧古斯丁到笛卡兒，這條前後相承的脈絡是有跡可尋的，從聖伯爾納多（St. Bernard of Clairvaux，西元1090-1153年，法國傳教士）到維多利尼派（the Victorines）、聖波拿文都拉（St. Bonaventura，西元1221-1274年，義大利哲學家、神學家及紅衣主教）以及方濟會（the Franciscans），再經過司各脫（Duns Scotus，約西元1265-1308年，蘇格蘭哲學家及神學家）、奧坎（Occam，約西元1285-1349年，英國哲學家及修士）以及尼古拉斯（Nicolas of Autrecourt，約西元1300-1350年以後，法國哲學與神學家）。在這條傳承的道路上，意識觀念只隱約出現過一次；聖多瑪士阿奎那出現之後，他主張揚棄這個觀念以回到亞里斯多德的泛宇宙靈魂之說，因此，基督教的原有啟示又再度回到那不相稱的古代思想模式。現代是自基督教而生；因此各個世代的人之間不應該有衝突，他們應該如兄弟姐妹且樂於接受彼此。這就是我今天演講的開端，但是關於探索我們稍早之前提過的未知領域，將留待來日。

8 譯注：scholasticism，一種結合宗教神學的唯心主義哲學，為歐洲中世紀特有的哲學型態。

第九章

我們這個時代的主題
哲學的根本改革
宇宙的基本事實
我為世界，世界為我
每個人的生活

今日，我們面臨重要的任務：我們必須在嬉笑玩樂的氛圍中嚴肅認真看待事物，如此一來，哲學才能成為真正的哲學而不是賣弄學問。今日，我們應該比過去更銳化我們的概念，讓它們更閃亮、清晰並且更純淨，因為這些概念將成為我們進行哲學改革手術之工具。

我們一直在追溯那最純粹的唯心主義命題，它啟發了現代思想的偉大觀念，它也讓其支持者和反對者蒙受薰陶，而且，它至今仍然支撐著人類文化的主要秩序。當唯心主義將外在世界的實在懸於混沌未明的狀態，並發現意識與主體性的根本實在，哲學便已提升到新的層次，逆行的苦痛已讓哲學無法後退。古老的實在主義乃是奠基在宇宙萬物無可置疑的存在上，這是哲學的率直之處，是屬於樂園的純真。而所有天真的人都有如身處天堂一般的幸福快樂。因為天真的人既不會懷疑也不會猜忌，他發現自己處於古代人和原始人的境地，四周圍繞著自然、無邊無際的花園景象，這就是天堂，就是樂園。

懷疑使得人類從樂園中被驅趕出來，離開外界的實在。當這個所謂「絕對的亞當」，也就是思想本身，發現自己被逐出宇宙之外，他去了哪裡？他無處可去，他只能依賴自己，只能衝進自己的內心。天堂象徵小孩子特有的那種對外在的關注，人類離開天堂，進入純粹的內在，轉而注意內心最深處、屬於青春的愁思。因此，現代乃是憂鬱的，整體而言它或多或少沾染了浪漫的氣息。聖奧古斯丁的靈魂帶有哲學的率真*，他是第一個浪漫主義者，他所涉及的一切都是那麼偉大且令人敬畏。無論我們的意向如何，無論我們的改革計畫和哲學的進展如何，我們都必須瞭解，人類已無法從唯心主義回到希臘時代或經院哲學那種天真的實在主義了。正如克倫威爾士兵們奉為規臬的偉大格言：「破釜沉舟、絕不回頭。」（Vestigia Mulla Retrorsum.）

我們這個時代的主題

我們要超越唯心主義，因此我們必須將它拋諸身後，遺留在我們已走過的道路，或是曾經住過且永遠留在心裡的城市一樣。我們心裡抱持著唯心主義，也就是說，我們依然堅持著它、保留著它。唯心主義是人類提升心智的第一步；現在我們要往另一個地方邁進，這個地方不在唯心主義之下，是更高的境界。

然而，為了要完成這項任務，我們必須對唯心主義進行一場改革手術。唯心主義的理論中，所謂的「我」、自我、主體，吞沒了外在世界。

在這個大口吞噬的過程中，自我膨脹了。這個唯心主義的自我變成腫瘤；我們必須開刀切除它。

我們會使用最縝密的心思和一切必要的防腐方法。必須干預，因為過去的這種自我生病了，而它的病因就在於它認為一切事物都是因它而存在。對希臘人來說，自我只不過是宇宙中的枝微末節，所以柏拉圖幾乎不用「自我」這兩個字。他最多只會提到「我們」，也就是社會群體或整個雅典城裡的民眾，或是他學院裡的追隨者而已。對亞里斯多德而言，「我—靈魂」（I-Soul）就像是手，它接觸宇宙，讓自己順應這個宇宙，希望由此認識宇宙，正如盲人伸出探索的手游移在每種事物間，以手代眼來觀察它們。但是笛卡兒的思想中，自我已經提升為理論上的基本真理，而當萊布尼茲把自我視為一種單子，封閉在自身之中並與浩瀚的宇宙毫不相干，自我就變成專屬個人的小世界、小宇宙，或是，根據萊布尼茲自己的說法，它是一個「小上帝」（petit Dieu）。當費希特的思想將唯心主義帶到巔峰，自我也因此達到了頂點，從此，「我」成為整個宇宙，成為一切。

自我曾經有過光輝的歲月。它不能抱怨，因為它不可能成為超越自己的東西。然而，它確實在怨歎，而且有理由怨歎。當它納世界於自身之中，就孤伶伶地拋下了現代的自我。你們還記得中國的皇帝吧，由於他權傾天下，沒有任何人可以與之比擬，他找不到任何與他相當的朋友，因此，「寡人」就成了他稱呼自己的方式。唯心主義中的自我就是歐洲的中國皇帝。如果可能的話，自我想要衝出它的孤立狀態，即便是犧牲它的全能也在所不惜；現在，它寧可喪失一些力量，只希望活得更豐富，希望周圍能有不同的東西，有其他不同的自我能夠與之交流，例如「你」和「他」，特別是與「我」截然不同的「你」，也就是那作為「她」的「你」；或是對女性的「我」來說，「你」最後成為「他」。

簡單地說，自我需要走出一己之外，發現環繞四周的世界。唯心主義到了讓生命力窒息，讓生命泉源枯竭的境地。它幾乎成功地使人深信自己周圍的一切只是他自己和他的想像。相形之下，那個自發並且根深柢固的心靈，則不斷為大家呈現出許多與我們極為不同的確切實在，面對這種現象，唯心主義只能頑強反抗生命的本質，宛如固執的迂儒，用盡一切辦法想讓我們認清，所謂自發隨興的生活其實是一種錯誤、一種幻象。

當守財奴認為手中的黃金只是長得像金子的假金幣，他將無法繼續享受身為守財奴的快樂；同樣的，一個求愛者如果認為他喜歡的女性實際上並非他所想像的那個女人，只是他心目中理想女性的影子與幻象，他也無法繼續愛這個女人。其他任何東西都不是愛，只是自戀，只是情欲上的自慰（auto-eroticism）。一旦我們相信自己深愛的女人並非我們想的那樣，只是我們創造出來的影子時，我們夢想的一切將完全破滅。這不是誇大其辭，即便是生活中的瑣事（生活就是由這些瑣事構成）也已經侵蝕了唯心主義，並且削弱生命的活力，如果有更多時間，我將試著向你們證明這個現象。

然而，眼前有項艱難的任務，那就是擺脫唯心主義，從其牢籠中釋放自己，讓它得以接觸周遭世界，使它不再沉迷於自己，而且盡可能拋開枷鎖。如此，自我便能「守得雲開見明月」（E quindi uscimmo a riveder le stelle）。但是，「我」要如何走出自己的藩籬、回到自身呢？它會不會因此再度落入古代世界那種天真的態度？對於這個問題，我的回答是：首先，這種脫離不是再次脫離，古代世界那種純真的自我從來沒有脫離自身，它之所以如此純真，完全是因為它從來不曾進入自身之中。為了要跳脫出來，它必須先進入內在。這不是文字遊戲。正如我們知道的，「我」是一個人最內在的東西；我們現在思索的問題，就是它如何跳脫自身但卻仍然保持這種最內在的感覺。這不是很矛盾嗎？但現在是我們收割的季節，我們不會因為這樣的矛盾而驚訝，因為我們知道，每個問題都是兩難的困境。不要想隱藏帶來壞處的那一面，假裝這樣的困境不存在，相反的，我們要闡明這個困境的利弊得失。「我」是內心最深處的本體，它就是我們內在的東西，它為自身而存在。然而，它必須尋找與其自身完全不同的世界，它必須脫離自身去接觸這個世界，同時又不能失去內在的特性。因此，「我」既是內隱又是外在的，既是內收也是無拘無束的，既是被囚者，也是自由之身。這個問題真是令人驚奇。

當然，當我們主張必須超越唯心主義，當我們抱怨自己活得像個隱士，以及當我們說那曾讓人們無比感動的唯心主義或許會危害到生命本身，並不表示這些責難是在反對唯心主義理論。如果這個理論是千真萬確的，如果其中沒有什麼論證上的錯誤，那麼，就算有這麼多非議，唯心主義也應該是無懈可擊。各種欲念、想望以及對另一種真理的強烈渴求，將會直接衝撞我們的理智，而不是悄悄接近它。一個真理之所以為真理，不是因為人們渴望它，然而，如果人們不期望它的出現，那麼真理也不可能被發現；因為人們需要它，才會找到它。因此，只要我們對真理的渴求仍然保持絕對的無私與獨立，那麼，人或時代就能藉著這份熱忱，去發現這個或那個真理。唯有如此，才會產生歷史。否則當那些全然迥異、毫不相關的真理像小鉛彈一樣猛然撞進人類心中，他將會不知所措。

如果伽利略撞見了愛因斯坦的真理，他是否能領悟並運用呢？真理只會降臨在追求真理的人身上，只會降臨到渴望真理的人身上，只會降臨到內心已預留空間讓真理進駐的人身上。在相對論出現的二十五年前，人們開始假設沒有絕對空間或時間的四度物理學。正如愛因斯坦本人一再強調的，他所說的虛空空間早已出現在龐加萊的觀念中。人們時常以懷疑的態度，並為了反對真理而說「欲求」是真理之父。正如所有的懷疑主義一樣，這種說法毫無意義。如果人們需要某種真理，那一定是因為該真理的真確性吸引了人們的渴求。這種對真理的渴望超越自身也超越自身能印證的一切。它向前追尋真理。人們完全清楚自己什麼時候想要真理，也知道什麼時候只想為自己製造幻象，只想要虛假的謊言。

因此，當我們說這個時代既需要也希望能夠超越現代性和唯心主義，我們只是用謙恭的字眼和保守的說辭表示心裡真正的意思；如果要以更高尚、更有份量的字眼表示，我們會說：揚棄唯心主義是偉大的智性任務，是這個時代的崇高歷史使命，是「我們這個時代的主題」。對那些因為惱怒、輕蔑而多次抨擊我的人，他們問「為什麼我們這個時代必須改變事物、革新、向前邁進？為什麼會產生那種熱忱、對新事物的渴望，那種想要改進、建立新潮流的想望呢？」我的回答是：這件事情很清楚而且也讓人驚訝，從最嚴格的意義來看，每個時代都有屬於它的任務、它的使命以及對改革的需求。我要特別強調，時間終究不是鐘錶能衡量的；時間乃是一項任務，它是一種使命，一種革新。

超越唯心主義絕對不是無聊的想法；相反的，這樣做代表承認這個時代的問題與命運。因此，我們要和問題搏鬥，要面對這個時代帶給我們的哲學怪獸。

哲學的根本改革

現在，我們將要進入迴旋過程中的最後一圈，正如一開始進行新的循環，我們要再複述一次哲學的最初定義，哲學是關於宇宙的知識，或是關於所有存在事物的知識。我們要做的第一件事，是在所有可能存在之事物中找出真正不可懷疑的存在，也就是找出什麼是宇宙中可以讓我們直接經驗到的事物。當我們處於天真的心靈態度，例如原始人和古代人的心靈態度，或者我們不做哲學思考時的心靈態度，宇宙、萬事萬物、自然、一切有形體的東西，似乎都是既有且真實的。這就是我們最初認為實在的東西、認為存在的東西。古代哲學家尋求事物的存在，並發展一些概念來解釋事物的存在模式。但是唯心主義卻遭遇到一個事實：那就是事物、外在世界、宇宙都顯示出另一種實在，這種有疑問的存在就是我們對於那些事物、外在世界以及整個宇宙的想法。於是，一種新形態的實在就此產生，這是真正最初且真實的新的存在方式，這種東西就是思想。

事物的存在方式展現靜態的特質，這種靜態特性使事物永遠保持它的本質，不會變成其他東西，而「運動」作為宇宙的實在，也是永恆不變的，它永遠都是「運動」（我是指那些熱心研讀巴門尼德斯的思想[1]、柏拉圖的《哲人篇》，以及亞里斯多德的《形上學》第十二卷的人；也就是說，我是指那些關注非凡原典的人，而不是指將奇妙的古代哲學變得枯燥乏味的僵化摘要）。另一方面，思想這種東西不僅是一種存在之事物，它還是自足的存在，它是可以自我解釋、自我證實的。你們難道沒有注意到，這兩種存在方式，即思想與事物的存在方式之間有基本的差異嗎？你們難道沒有發現，我們必須具備根本上的新觀念以及與過去全然不同的範疇，才能瞭解這種稱之為思想的實在嗎？唯有如此，我們才能透過理論和科學思索它。然而，到目前為止，我們對它只有直覺上的理解，我們看到它真正的本質，但是我們很難找到任何適當的文字來描述它、表達它，我們很難找到能夠自我調整、能夠像手套貼合在手上那樣適合於它的獨有辭

1 譯注：Parmenides，西元前540-480年，希臘哲學家。

彙。

我們不但缺乏適當的概念，而且語言也是由關心宇宙萬物的自然心態塑造出來的，關於這點，古代哲學除了讓固有的語言概念變得更加優美，別無其他貢獻。我們受到傳統思維的影響，並出於習慣以舊有的語言和觀念解釋這個新事物，解釋這個現代發現的新的存在方式。因此，我們現在面對的，簡直就是抹殺「存在」這個字的傳統意義，由於這正是哲學的根本，因此對存在觀念的任何變革都代表哲學中的根本改革。在歐洲，有些人已努力了很長的時間。他們奮力不懈所獲得的重要果實，就是我想提出的東西。我相信，這些革新將大大影響你們。

對存在於我們傳統心理中那些最珍貴、最持久與最確切的概念，也就是存在的概念，你們應該給予相當的重視。我要公開聲明：柏拉圖、亞里斯多德、萊布尼茲、康德甚至笛卡兒瞭解的存在，根本就是徹底的失敗！如果任何人仍固守「存在」的傳統意義，將無法瞭解我接下來說的話，因為這個傳統意義正是我想要改革的東西。

思想存在於「和思想自身有關」的意義與範疇內，它包含自證、自覺以及自省。因此，它不只是靜態的東西，而是一種反思。然而有人可能會說：正如你所說，運動也可以說是靜態的存在，如你所說，運動恆為運動，它不會是其他東西，所以思想是一種反思並不表示它就會是非靜態的，因為反省也可以具有沉靜不變的固定本質。的確，這種說法有一部分是正確的；就反省而言，它只是我的一種思想，除了作為思想，除了我覺得它是「反省」，沒有其他的實在性可言。而且不論各方面，存在是純粹的自我引涉、自我創造以及自我凝聚；我們發現的只是不定性。不要用比喻的方式看待這種說法，應該以嚴謹的心態來瞭解它；思想的本質就是不定、毫不止息；它不是靜態的東西，而是一種不斷自我引涉的活動。

為了使思想能夠存在、成為世界上的一種東西，只要它被想、被思索就夠了；換言之，思索它就是創造它，就是使它成為一種東西；當我在想它、創造它、實現它、激發它時，思想才會存在，也因為我在想它、創造它、實現它、激發它，所以它才存在。如果思想沉靜了，它將不再是思想，因為那表示我將無法透過思考活動激發它。

假如你對這種奇特的存在方式仍無法完全瞭解，也不必驚愕。沒有人能夠在短時間內克服人類數千年來的推理習慣。的確，聽我演講時，你們一度覺得自己看清一切；然後到了某一刻，你們的直覺倏忽遠去，心裡再度渴望沉靜，不希望受到激盪。不要讓這種情況困擾你，因為事情將以一種完美、可塑以及容易達到的方式來到我們面前。

宇宙的基本事實

現在，讓我們回到我希望不會有任何困難而且顯然易見的東西上。思想只存在於對自身的考量，它無法懷疑自己的存在；如果我想「A」，那麼很明顯的，思考「A」的這個活動必然存在。因此，關於事物存在的最初真理，我們可以用下列說法描述，「思想存在」。如此一來，我們完成了先前的迴旋過程。其他的一切實在或許都是幻象，但是「思想存在」這個幻象本身，對我來說是這樣或那樣的感覺，也就是這個思想活動本身，是毫無疑問存在的。

這就是笛卡兒理論的第一步。但是笛卡兒的說法和我們不同：他說的不是「思想存在」，而是眾人皆知的「我思，故我在」。笛卡兒的說法和我們有何不同？笛卡兒的理論有兩個部分：一部分是「我思」，另一部分是「故我在」。笛卡兒的「我思」和我們所說的「思想存在」乃是同一個東西。這兩個不同詞彙的差別在於：笛卡兒不滿於我們認為完全充分的東西。正如在數學方程式中以兩個相等的數相互取代，我們以「思想存在」代替「我思」，如此替代之後，笛卡兒說的意思就更加清楚，「思想存在，所以我存在。」

我們正處於外科手術的過程中：改革的手術刀已深深切入「我思」之中，已切入唯心主義的內部之中。我們應當謹慎處理。

對我們而言，所謂思想存在，就等於說我的「我」存在，就等於說我的「自我」存在。因為任何一種思想都有一個思想主體作為它的構成要素，正如它必定包含一個「被思、被想」的對象。這樣一來，如果思想存在，那麼根據其定義，它的主體，亦即「自我」也必然存在，同時它的思考對象也必然存在。這種關於存在的定義，乃是一種真實且新穎的概念。我的思想之所以存在，是因為我在思想：我存在於我思索自己存在的時候，我的存在是因為我思索自己的存在。這正是唯心主義想要帶給世人的新觀念，而這也是真正的唯靈論；其餘的都只是不可思議的東西。

雖然笛卡兒發現這個事實，雖然他對所謂的「思想」具有充分的直覺，但是他卻沒有擺脫物質宇宙的範疇，當他面對他所看見的這樣東西時，那是一種完完全全的「表象」（seeming），是一種純粹的虛擬，是一種動態的反思，他失去了他的平靜與沉著。像古人或是聖多瑪士學派的學者一樣，笛卡兒必須抓住某種更穩固的東西，他必須抓住具體的東西。笛卡兒希望在思想背後找到某種能夠彰顯、自我引涉，並且能夠自我解釋的東西，也就是某種作為「物一般的存在」（thing-being），某種靜態的實體。對笛卡兒來說，表象般的思想並不是真確的實在；如果思想只是某種潛藏且靜態之實在的性質，或單純的外顯現象，那它根本無法作為最基本的實在。

如果把上述的話轉變成笛卡兒式的言論，我們就可以推論出：思想無疑是存在的，然而，如果它的存在只是一種表象，只是一種外顯特質的話，那它就不是一種實在，它就不是傳統語意下的一種東西。笛卡兒和我一樣對萬事萬物感到懷疑，但和我不同的是，他並沒有懷疑關於古代範疇的真確性，大家特別要注意，古典的存在觀念（也就是笛卡兒提出來的率真看法）其實依賴著某種推理或修辭推論（enthymeme）。笛卡兒認為，如果思想現象無可懷疑地存在，那我們就必須承認這種現象的背後還潛藏某種實在，我們必須承認在這種現象之後有種確切實在的東西支撐它。然而，我並沒有看到這種被我們稱為「我」、「自我」或「真正自我」的潛藏實在，我無法清楚體驗到它，因此，我必須藉由推理作出結論；為了證實自我的存在，我必須跨越一座「因而」之橋樑。「我思，因而我存在」。

但是，誰是那個存在的「我」呢？啊！竟然是一個物！「我」不是思想，而是擁有思想特性、展現出思想、以思想為現象的一種東西。我們又回到古希臘存有學那種毫無生命力的存在定義。笛卡兒以同樣的說法、同樣的態度為我們發掘一個新世界，但是他卻從我們身邊帶走它，並完全抹殺。他直覺到一種因為自身而存在的東西，他看到了這種存在，但是他卻以希臘人的方式來看待這種存在，視它為具有實體的東西。這個二元性，這個內在的矛盾和全然的不一致，一直以來都是唯心主義和現代性的本質，也是歐洲自身的本質。

直至今日，歐洲人仍為希臘深感迷惑與陶醉，事實上，希臘也確實是迷人的。但是，在所有屬於希臘的東西中，且讓我們只模仿尤里西斯[2]，而且只應模仿尤里西斯那自知應擺脫女色誘惑的美德，他知道自己如何擺脫瑟西[3]和卡禮波索（Calypso）的迷惑，知道如何不受海上女妖的歌聲吸引，以及像露卡米埃夫人[4]般風情萬種的挑逗。荷馬並沒有告訴我們尤里西斯如何擺脫這些誘惑，但是古代地中海地區的水手們都清楚知道，要讓自己不受海上女妖的歌聲蠱惑，唯一的辦法就是以自己的歌聲應對（尤里西斯是第一個唐璜，他離開妻子潘妮洛普，在海上遇到各種迷人的尤物，和她們相戀，然後又離開她們）。

希臘的影響力已經勢微，現在，希臘人一點都不古典，他們只是充滿古老的氣息，當然，古色古香的東西總是令人驚奇的。同樣的，他們也引

2 譯注：Ulysses，古希臘詩人荷馬史詩《奧德賽》中的主角。

3 譯注：Circe，希臘神話中的女神，可以把人變成動物，在《奧德賽》中，她把尤里西斯的部下都變成豬。

4 譯注：Madame *Recamier*，西元1777-1849年，十九世紀法國社交名人。

起我們的興趣。對我們來說，他們不再是賣弄學問的老師，而是朋友。我們要掀起討論；我們將要在最關鍵的重點上辯駁他們。

現在我要告訴大家哲學中最重要、最困難、同時也是絕對新穎之問題的來龍去脈。讓我們想像以下情境：在我們發現我們的主觀自我之前，我們認為除了見到關於自己的一切事物，就再也沒有其他的實在。在這樣的情況下，我們對於這些事物的存在性會抱持著怎樣的觀念呢？例如說，我們在馬戲團看到的馬，那些馬是什麼東西呢？是什麼樣的存在？牠的形體、顏色、身體所表現出的阻力都呈現在我們面前。但這些就是馬的實體、馬的存在嗎？可以說是，也可以說不是。馬不只有形狀，因為牠還有顏色等等東西。顏色、形狀和觸摸時所產生的阻力都是彼此相異的東西。馬是這一切東西的綜合體，或者更確切地說，馬是這一切東西集合起來的單一物體。但是這個將顏色、形狀等結合起來的東西卻是看不見的。我假定它的存在，我創造了它，它是我對於這個顏色和形狀共同構成的一個持續可觀察之事實做出的解釋。馬具有的真實本質藏在它的外表、可見和可觸元素的背後。它是潛藏在顏色、形狀等元素之下的東西。因此，這個東西就被視為單一的整體，它支持著我稱之為「馬的屬性」的那些東西；更確切地說，它並非「馬」本身。所以，這個動物的存在本質並不是它所具有的那些可見以及表面的東西，而是某種支持它各種表象的東西，那是由諸多屬性構成的基礎本體、潛藏於這些屬性背後的存在，它是這些屬性的根本、是這些屬性的本體。換言之，所謂的基礎本體就是我假定隱藏在我所見之物背後，在其種種表象下的東西。

但除此之外，馬還在活動，牠的毛色會隨著時間的消逝而改變，牠的身形姿勢甚至也會因為工作而產生變化，牠的外在表象變化是無窮的。如果馬這個概念必須包含牠的各種外在形象，那麼牠就不能只是一匹馬，而必須是無數各不相同的馬。這就是說，馬既是如此、又是那樣，也必須擁有是其他等等的形態，它不會是特定的這一匹馬、那一匹馬或某一匹馬。但是現在，讓我們假設在那些表象下，有一個看不見而永恆的東西，是這個東西讓那些表象一一呈現。那麼，我們可以說，這種種變化來自於一個獨一無二的東西：這個實體就叫做「馬」。儘管同一匹馬可能會改變形狀、大小和顏色，儘管牠會改變外觀，然而牠卻有一個靜止不變的實質本體。這個實體除了支持牠各種不同的性質，也是承載這些偶然情況或變化的本體。

希臘人對於存在觀念的最特別說法，就是一種根本的、主要的或實體的存在，這種存在是不動且不變的。在這個根本實體中，包含了一切變化與運動的開端，我們將在亞里斯多德所謂上帝的概念中發現一種存在，這種存在本身不為任何東西所動，但它卻能夠使其他事物產生變動，它是一股不動的動力。如果這世界上除了那些來自外在的東西（除了我們感覺到的東西），就再沒有其他任何的實在，那麼，這個同時作為實體與靜態的觀念便是最確實且堅不可摧的。因為事實上，對於那些外在的東西，我們得到的只是它們的表象。但是，馬之所以存在，並不只是因為牠表現出種種屬性；的確，我們只把表象看成是一種現象，而不是一種實在。

舉例來說，讓我們試著把純粹的顏色當成一種實在，當成一種能夠自我支持且自足的存在物。你將會注意到，這種情況是不可能的，正如有正面而沒有背面、有上沒有下，都是不可能的。顏色是某種實在的一部分，而且當顏色存在時，該實在才算完整；顏色是某種物質實在的一部分，顏色裝飾著也同時支持著那實在。換句話說，我們假設了一種使顏色存在的色背後那種真實且確定的存在。我稍早之前曾經提過並應用到這點，因為實在；如果我們沒有發現它、也不假設它，我們就不會認為自己觸及了顏它是最經典、最有名的例子，我們必須以這種假設出發，才能讓別人瞭解我們要表達的內容。正如我曾在本演講中提到許多似乎眾所周知的東西，我必須先提出它們，然後才能駁斥它們。

笛卡兒認為思想僅是反映出它自身的一種表象，而這也正是為什麼他不相信思想可以自足存在的原因；於是，他盲目地，甚至近乎機械式地將舊有的實體範疇套用在思想之上，並且在其背後找尋能夠支撐它、讓它顯現出來的基本實體。因此，他認為自己發現了本質、發現思想本體不在思想本身當中，而是在一種從事思想活動的東西中。對他來說，這是「無需依賴其他事物之存在」（quod nibil aliud indigeat ad existendum）。因此，思想一方面是唯一確實存在的東西，因為它的出現本身就證實了思想存在；另一方面，為了讓思想存在，必須有個基本且不外顯的東西來支持它，也就是能夠進行思想活動的東西。你難道沒發現我們正依循著一種「吸引物」（iman）的觀念？你難道不知道我們正在依循一種習慣，也就是假設我們看見的東西背後有某種能夠解釋表象的東西、有一種我們看不見的神祕實體？

事實上，沒有人曾經直覺到實體的存在。笛卡兒言論中的第二部分，也就是相當不確定、相當無用的一部分；這部分的言論試圖將思想實體化，它貶抑思想是一種具有實體存在，物質般的事物，並藉此削減思想的重要性，笛卡兒以它來取代其言論中的第一部分（也就是思想存在）。我們必須否定這樣的看法！思想和自我不是同一個東西。思想之存在不需要依賴其他東西；否則，笛卡兒就不會接受其言論中的第一個部分，他就不可能說思想存在，也不可能基於這個真理而產生他的結論，也就是「故我在」。

我們必須瞭解，笛卡兒的這個公式雖然很有創造力，而且對於發展其本身以外的後續真理也非常有用，然而，若是仔細且全盤觀之，我們就會發現它簡直就是一團矛盾。因此，三個世紀以來，幾乎沒有人能夠真正明白笛卡兒的論證。而且你們也將瞭解，那少數幾個瞭解笛卡兒論證的人，是因為他們有勇氣對自己誠實並承認自己一開始就不瞭解它，唯有如此，他們才能真正了悟。

我曾經在德國的馬堡（Marburg）住了三年，這裡的人自認是笛卡兒思想的專家。在當時，我日復一日、年復一年地提醒自己順從他們的觀點，但是我敢保證，他們從來沒有瞭解過笛卡兒的論證，換言之，馬堡人雖然自以為沉浸在唯心主義中，但他們卻從不瞭解唯心哲學之根源。這種普遍的空洞思想乃是來自於一種理智上的通病；人們總是拚命地從一句話挖掘出某種意義，並稱之為「瞭解」。然而，如果想要真正瞭解它，我們就必須問自己這是不是這句話代表的唯一意義，也就是說，這是不是唯一符合整句話的意義。所謂「我思、我在」可以透過很多，甚至無數種的方式詮釋；但事實上，它只表示一種意義，而瞭解這個意義才是最重要的事。

笛卡兒將思想的主體轉變為實體，但當他這麼做，他也同時切離思想和其主體；他把思想主體變成一種宇宙的、外在的事物，在這種情況下，它將不再是「被思考的」。同時，由於它不再被思考，它也將無法存於自身之中，它也無法創造自己並且使自己存在。換句話說，那個在思考的東西將不會想到自己，正如「石頭」或「房子」這些實體無法因為自覺是「石頭」或「房子」而存在。根據這種看法，基本上我只是我所自覺的某種東西。其餘的一切都是不可思議的。

所以我們可以明顯看到，如果只是將思想的主體轉移到某種客觀的實體上，那麼唯心主義將無法創造出完全符合自己理論的新的存在方式。唯心主義要我懷疑自己對於實在的信念，也就是這座戲院似乎具有在我心靈之外的實在。它告訴我，這座戲院事實上只是一種思想、一個影像或是戲院的一種想像。這也就是說，它變成了我們以前曾經提過並歸為想像之物的獅頭羊妖，我們將它自真實花園中拿出來並放入心靈的清泉。換言之，事物不再是別的，它們只是「意識的內容」。這就是十九世紀哲學最常用的說法；雖然這種說法可以且也應該存在於笛卡兒思想中，但是它並非出自於笛卡兒的思想，而是源自於康德的著作。由於康德，我們才能瞭解外界實在並將它置於心靈中。

我為世界，世界為我

但是，讓我們放慢腳步。我們來看看，在唯心主義這個基本理論中，什麼東西是穩固的，什麼東西又是無法接受的。的確，假定的外在世界之實在畢竟只是一種假設；也就是說，自足的且獨立於我之外的實在，是相當不確定的。因此哲學無法接受它。但這究竟是什麼意思呢？簡單地說，就是外在世界並非真的在我對它的瞭解之外，外在世界並不存在於外在世界之中，而是存在於我對它的認知之中。那麼，我們應該把它放在哪裡呢？是放在我對它的認知當中，放在我的心、我的思想之中，放在我的內在之中嗎？唯心主義視這個問題是兩難的議題；這座戲院若不是在我之外具有絕對的實在，就是存在於我的心中；為了存在，這座戲院必須存在於某個地方，而且毫無疑問的，它必須是某個東西。可是，我無法保證它存在於我的心靈之外，因為我不能脫離自己接觸在我之外某種假定的絕對實在。因此，我們別無他法，只能認為它是存在於我心中的心理內容。

不過，唯心主義的推論應該要更加謹慎才對。確定只有兩種可能性之前，即是在我內心或不在我內心，我們應該仔細思考以下問題：當我們談論戲院，所謂的「意識內容」或「心靈內容」這類描述是否具有任何清楚的意義？有沒有可能這種描述其實毫無任何意義，就好比「方形的圓」僅是由兩個彼此矛盾的詞組合在一起。

讓我們仔細討論一下，看看當我說到「戲院」，我指的到底是什麼？當我提到「戲院」時，我對它的認知是一個高於二十公尺的房間，它有著特定的長度與寬度，其內有藍色的座椅、遮簾以及背景布幕等等。如果我說這是我的意識主體的內容，那麼我等於是在說某個高二十公尺的藍色物體實實在在地構成我的一部分。但是，如果它真的構成了我的一部分，我就可以說我的思想中至少有一部分具有數公尺高和寬，如此一來，我就具有了可延展的特質，我的思想就占有空間，而且還包含了藍色在其中。

我們很快就可以發現這其中明顯的荒謬之處，針對這樣的荒謬性，唯心主義者對自己提出了這樣的辯護：「我要撤回『戲院構成我的意識主體之內容』的說法」，關於這一點，我要修正如下：『我的思想或意識所包含的內容，當然只是我對該戲院的想法、影像或想像。』」好吧，唯心主義者說我在思想、我在想像，這並沒有什麼不可以；唯心主義者說我的思想和想像是我的一部分，應該包含在我的內心中，這也沒有什麼不對。但在這種情形之下，戲院就不再是討論的對象，也就是說，戲院被我們置於度外。因此，將戲院視為是「非內則外」的想法是錯誤的。戲院是一個外在的實際存在體，它永遠在我們的內心之外。世界並不是我的「表象」（representation），叔本華使用這個詞時具有雙重歧異，而且幾乎所有的唯心主義者都是如此。正確的說法應該是：我對世界形成表象。真正屬於我的部分乃是進行表徵的活動，這才是「表象」的確切意義。

「我所表徵的世界」與「我的表徵活動」兩者並不相同。屬於我的是「我的表徵活動」，而不是「被表徵的表象」。叔本華犯了基本的錯誤，當他討論「思考本身」以及「被思考的對象」這兩者的關係，他僅使用了「表象」這一詞代表兩者，因此產生混淆。這也是為什麼我認為這個著名的詞（出自於他那本有趣的書的書名）非常粗糙、粗陋且不洗練的原因。用粗糙形容或許還不夠，我想連小孩都認為它模糊不清。

那麼我們要如何才能確切知道戲院到底在哪裡呢？答案很清楚，它既不在我的思想之中（不是構成思想的一部分），也不在我的思想之外（如果我們把「之外」理解成「毫不相干」）。戲院和「我對戲院的思考活動」完全密不可分，它既不在我的思想之外，也不在我的思想之中，它和思想乃是相連在一起的。這就好像是正與反、左與右的關係，右不是左，而反也不是正。

不要忘記當初我們依循唯心主義並推導出其論點時採用的推論方式。我原本看見花園，但當我闔上雙眼後，花園便不復見。這一點無需爭論。但這之間究竟發生了什麼事？花園和我之所見，也就是我的意識及其對象，或者說是我的思想及其所思之物同時消失無蹤。不過當我再次張開眼睛，花園又再度出現，因此，只要思想與視覺存在，它們的對象、那被見之物也會同時存在。這是一個無可爭論的事實。由於哲學只希望包含無可爭論的事實，因此我們只需要如實接受並同意這個事實即可：外在世界只有當我思考它時才存在，但外在世界並不是我的思想，我也不是戲院、不是世界，戲院是我面對的對象，世界是與我相連的事物，世界與我密不可分。總而言之，我們要說的是：世界並不是獨立於我而存在的實在，它是我感受到的東西，在那個當下，它僅是如此。

到目前為止，我們一直依循唯心主義的前進腳步。但現在我們要加入新東西：由於世界只是我感受到的東西，因此它只是看似實然的存在，也正因如此，我們並不需要尋找這個表象背後的實體，我們既不需要像古人一樣在這個扮演著支撐角色的宇宙中尋找該表象的實體，也不需要自己創造出某種存有（某種心靈內容、表徵，或所見、所觸、所嗅、所想像之物）來承載該表象。這種古老的巨大偏見應該從現代思想中連根拔除。

這戲院與我之間沒有任何介質；該戲院的存在是因我看見它，而它完完全全就是我見到的那樣，不多也不少。我見到的戲院窮盡了它的存在現象。然而，它並不在我心中，它也不能與我混為一談；我們的關係明白而且確定。我是正在觀看它的人，它是我正在觀看的東西，如果它和同類事物不存在的話，我的視覺也不存在，換言之，我就不會存在。當被觀察的事物不存在時，觀察者也不復存在。

唯心主義的錯誤是將自己轉化成主觀主義，它強調事物必須依賴觀察者而存在，也就是說，事物的存在必須仰賴於我的主體性，然而，唯心主義卻沒有發現我的主體性其實也同時依賴於事物的存在，這就是唯心主義的錯誤。這個錯誤的癥結，在於它讓我們吞下了世界，並使我們無法與世界直接接觸、密不可分，但又同時涇渭分明、不相混淆。這種錯誤之荒謬，宛如有人宣稱「我是藍色，因為我看見藍色的物體」，或「那藍色的物體是我本質的一部分，因為我看見了它」一樣可笑。我一直都與我自己常相伴隨，我就是我自知的那個我，不會是其他東西，即使我想要尋找一個與我有別的世界，我也不需要走出自己之外；世界總是與我相連，而且我的存在也總是與世界同在。我就是我內心最深處的存在，因為沒有任何超越性的事物能夠進入我的心，於此同時，我也是一個讓世界可以赤裸展現其本質的地方；它有異於我，它是我之中的外來部分。外在世界，也就是宇宙，與我直接接觸，在這個意義下，我們的關係是親密的，但它並不是我，因此在這另一個意義下，它乃是外來且陌生的。

因此，我們必須修正哲學的出發點。宇宙的與料並不只是單純的「思想存在」或「思想者——我——存在」，而是「若思想存在，身為思想者的我以及我所思考的世界也必然同時存在，兩者共存而不可分離」。我並不是一個實體的存在，世界也不是，但我與世界之間卻有著積極的活動關連性。我是觀見世界的人，世界是被我所見之物。我因世界而存在，世界也因我而存在。如果不存在可被觀見、可被思想以及可被想像之物，我將無法觀視、無法思想、無法想像。換言之，我將不存在。

萊布尼茲在其著作的某個角落中簡短的評論了前輩笛卡兒，他認為，關於宇宙，並沒有單一的最初真理，而是有兩個同樣重要且密不可分的最初真理：其中一個是「我作為思想活動而存在」，另一個則是「許多事物被我所思」。即使到了今天，也還沒有人因為這個偉大的思想創見而受益，即使是透過他本人的傳授啟發也一樣，這實在是令人感到驚訝。

總結來說，在我們仔細尋找宇宙的基本與料的過程中（毫無疑問的，它絕對存在於宇宙之中），在我們誇張強調懷疑這項因素時，我們發現了一個重要、基本而且能夠自我證成的真理。這項真理就是自我（也就是主體性）與其世界相互依存。當其中一方不存在時，另一方也不會存在。如果我不面對並衡量周遭的事物，我的理解就不存在。如果沒有事物在被我思考，我的思考就不存在。因此當我發現自我時，我總是發現我正在面對世界。當我探討主體性以及思想時，我發現我自己乃是雙重事實的其中一部分，而另外那一部分就是世界。因此，那不可否認的基本事實並不是「我存在」，而是「我與世界同在」。

唯心主義的悲劇，就在於它像煉金師把世界轉化成「主體」、轉化成主體的意識內容，它讓主體局限在自身中；這種觀點使得唯心主義無法清楚解釋：如果戲院僅是我內心的影像，僅是我內心的一部分，為什麼它看起來會與我如此不同呢？現在，我們已經突破了唯心主義的這種觀點，進入全然不同的境界；我們已經觸及了一個無可懷疑的事實，就是那兩個不可分割之事物的關係。其中一個是能夠認知的思想者，另一個就是被認知者。意識仍然是最內在的自我，但現在我所直接接觸的並不再只是我的主體性，而是還包括了我的客體性，也就是那清晰單純的世界。意識主體並不是隱士，恰恰相反的，它乃是每個實在都必須預設的一種最奇異的基本實在：我考量事物或世界的當下，我就是我自己。這是心靈的至高特性，我們必須接受它、承認它，並且還要如實描述出它美妙的奇特性質。心靈完全不是自我封閉的自我，而是出類拔萃的開放性存在。看見戲院的過程，就是敞開自我去面對「非我」的過程。

這個新的情況並不會自我矛盾；它不但和心靈的原本態度完全一致，它更保留並承認心靈的良知。除此之外，它也保全了古哲學信守的實在論主張中最重要的部分：外在世界不是幻覺、幻想、主觀的世界。這種新的哲學立場之所以能夠如此，就是因為它堅持了唯心論的主張，唯心論堅信，唯一不可懷疑的事物就是我所感覺到的存在，而它還進一步加以純化。你是否瞭解這身為女兒的哲學主張，也就是那真正嶄新的主張，是如何孕育它自己在概念上的母親，也就是古老的哲學主張、真正且成果卓越的古老主張呢？

讓我再次強調，所有的超越都是對過去的保留。那種宣稱「只有意識本體、思想或『我』才是唯一的存在」的說法乃是錯誤的。真正的事實是：我與我的世界共存，而且我存在於我的世界之中，我的存在乃是落實於我與世界的互動，是我看見世界、想像世界、思考世界，是愛它、恨它、為它感到悲傷、快樂，是穿梭其中、遨遊其中、轉化世界、因世界而受苦。如果世界沒有與我共存、與我面對接觸、沒有環繞著我，如果世界沒有給我壓力、沒有展示自身、沒有激起我的熱情、沒有讓我感受到痛苦，那麼我將不可能做到上述的一切。

但這到底是什麼呢？我們到底在無意間發現了什麼東西？我們觀看這世界、愛這世界、恨這世界、欲求這世界，我們在世界中活動、受苦並展現自身，關於這些事實，如果用最平凡和普通的名詞表達：就是「我的人生」（my life）。什麼是「我的人生」？它就是那最初的實在，一切事實所奠基的事實，它就是宇宙的與料，它就是我所承受的感覺，就是「我的人生」，它不是單獨的我也不是封閉的意識本體（這只是唯心主義式的詮釋）。我所承受「我的人生」，我的人生主要就是在世界中發現自我的過程，這其中完全沒有含糊不明之處。我正存在於當下的這個世界，存在眼前的這個戲院，這個戲院就是我所不可或缺之世界的一部分，我存在於此時此刻，存在於我正在做的事情。我，正在哲思。

結束了抽象化的思考。當我尋求不可懷疑的事實，我並沒有在思想中發現那些一般性的事物，我只發現了極度個人化的自我，也就是正在思考基本事物的我，正在進行哲思的我。這也就是為什麼哲學活動最先發現的就是「一個正在哲思的人、一個想要思索宇宙並尋出某種不可懷疑之事物的人」這個事實。

請注意，哲學活動最先發現的並不是哲學理論，而是正在進行哲思的哲學家，也就是正在生命過程中體驗哲思的哲學家，這種生命中的哲思過程和其他活動一樣，如同以後我們也可能發現這位哲學家因悲傷而四處遊蕩、在舞廳中跳舞，或因消化不良而痛苦、對路過的美女一見傾心等等。換句話說，我們發現到哲思活動或理論活動乃是生命中的活動，乃是生命中的一種事實；它是我們生命的一部分細節，它存於我們愉快又悲傷、充滿希望以及害怕的浩瀚生命之中。

每個人的生活

因此，哲學必須做的第一件事，就是定義宇宙的與料、定義「我的生命」、「我們的生命」，以及每一個人的生命。生命的過程就是在尋根溯源：其對象包括了我在自己的生命中發現的所有其他事物，以及所有其他存在，無論多麼細微末節都不遺漏。一個人的生命中存在眾多其他事物，而這些其他事物則顯示出其生命的本質。那最艱深的數學方程式、最抽象且嚴肅的哲學概念、宇宙本身，甚至是上帝本身，都是我在我的生命中發現的事物，它們存在於我的生命中。因此，這些事物最基本且重要的本質，就是它們存在於我的生命中，如果我不知道什麼是「活著」（to live），我就無法定義它們在我生命中的意義。

生物學家用「生命」這個詞來描述有機的存在現象。有機物只是世界中的某類事物，與其相對的是無機物。哲學家告訴我們一些與有機生物體有關的重要訊息，但當我們說到「我們活著」時，當我們談到「我們的生命」，也就是「每個人的生命」，我們其實為生命這個字賦予了更直接、更寬廣且更明確的定義。野蠻人與無知者都不懂生物學，但他們有權利談論「他們的生命」，並讓我們瞭解「生命」這個詞的背後蘊藏了先於所有生物學、科學與文化的重要事實，這是偉大、基本且驚人的事實，它是所有其他事實都已預設、已蘊含的事實。生物學家在自己的生命中發現了「有機生命」，那是他們生命中的一部分細節：它僅是他生命中從事的一項事物而已。生物學和其他所有的科學一樣，都是生命中的活動或形式。哲學是一種哲思，而哲思也毫無疑問是生命的一種進行方式，它就和跑步、戀愛、打高爾夫球、對政治激憤，或在社會中展現淑女氣質等是一樣的。它們都是各種不同形式的生命活動。

因此，哲學的基本問題就是要定義我們所謂的「我們的生命」，就是要定義這個我們面對之主要問題的存在方式。現在我要告訴大家，我們每個人的人生，只能由我們自己決定，生命是不能轉移的。它不是一種抽象的概念，它是屬於我們每個人最獨立的存在。現在，哲學第一次擁有了一個具體而不抽象的出發點。

這就是我之前曾經為大家宣告的新景象，其實，它乃是最古老的，一直被我們擱置在一旁而忘卻了的景象。為了要開起旅程，哲學回到了自己的背後，並將自己視為是一種生命的形式，而這乃是最真確且踏實的一種做法；換言之，它以生命為其寄託，將自己沉浸於生命之中，在那一刻，它成了生命中的沉思。這是多麼古老的景象，但它看起來卻是如此新穎。它的新穎已經大到了被我們當成這個時代的最偉大發現；它的新穎，已經大到了讓所有傳統的哲學概念全無用武之地：我們必須將生命這種存在方式劃入新的範疇，它不能歸屬於那些古老的宇宙物質範疇之中，我們必須試著擺脫它們並為生命找出其所屬的範疇，我們必須試著找出「我們的生命」的本質。

現在，你將看到那些你曾經認為難以理解、難以體會、難以捉摸或者看似文字遊戲的事物，都將以清晰而且直截的形態重新展現，好像你已經在腦中思索過它們無數次。它們將會無比清楚、無比直接、無比明顯，有時候我們甚至還會覺得它太過清晰，你因為聽到它而感到困擾，因為我們無可避免得觸及每個人生命中的祕密。現在讓我們揭示一個祕密。生命，就是這個祕密。

*注釋：從各方面來看，聖奧古斯丁都是第一個堪稱浪漫且又令人畏懼的巨人，包括他的浪漫想法、對自身的擔憂與折磨，以及他讓羅馬帝國與天主教的尖曲鷹喙刺穿自己胸膛等等。然而，天堂樂園裡的亞當後來變成只關注自我內心的悲嘆亞當。有趣的是，如果我們回想舊約聖經《創世記》的記載：亞當和夏娃被趕出伊甸園後，他們最先發現的就是他們自身。他們意識到自己、發現自己的存在，並且對自己感到羞恥，因為他們發現自己竟然赤身裸體！由於他們發現了這樣的自己，於是就以皮膚包裹自身。請注意，他們之所以遮掩自己，正是他們發現自己之後的結果。很顯然，當人類意識到自我以及自己的主體，他便瞭解這不可能存在於外界，不可能像岩石、植物或野獸一樣與外界接觸，人類的自我乃是隔絕於周遭之外、封閉在自身之中，正因如此，人類的自我才是自我。「我」是隱蔽的、私密的自己，衣衫象徵邊界，它隔絕了「我」和世上的其他一切。正如我所說的：遮蔽自己是發現自己之後的立即反應。這個說法還不夠精確，因為這聽起來像是還有另一個事物介於兩者之間；這聽起來像是亞當發現自己之後對自己感到羞恥，由於他很羞恥，因此他遮蔽自己。我們應該說，那直接的反應，也就是對自己感到羞恥，其實正是發現自己這件事。但這到底代表什麼意思？難道「羞恥」就是「我」發現自己的展現模式嗎？難道這就是對自己的真正自我意識嗎？

第十章

新的實在以及關於實在的新概念

貧乏的自我

生活就是在世界中發現自我

生活就是決定自己的未來

前一章中，我們發現了宇宙最基本的與料（也就是最初的實在），那是全新的事物，它不但與古人作為思想出發點的物質存在完全不同，它也有異於現代人作為思想出發點的主觀存在。

雖然們已找到一種不曾為人所知的新的實在，但這些字詞可能沒有完整傳達出其中的重要性。你或許會認為，這頂多只是新的事物，雖然它和其他已知的事物不同，但它終究仍是一種「事物」，你可能會認為，雖然這種存在或實在與其他已知的存在或實在不同，但它仍然是一種「存在」或「實在」；換句話說，無論這項發現有多重要，它的重要性也只和發現新物種差不多，新物種雖然是新的，但牠和其他已知的動物一樣都是動物的一種。因此，「動物」這個概念依然可以繼續延用。

對那些懷有如此想法的人，我必須很抱歉的說，我們討論的東西之重要性與決定性遠遠超越那樣的看法。我們發現的乃是一種新的基本實在，它與過去哲學承認的事物徹底不同，因此，面對這個新的基本實在時，過去那些關於實在與存在的傳統概念完全派不上用場。如果我們仍然不得不繼續使用這些舊概念，那是因為我們發現這個新的實在時，我們還沒有發展出新的概念。畢竟，如果想要形成新的概念，就必須要先有某種全新的事物。這項發現不僅是一種新的實在，它更開啟了關於實在的新概念，並啟發了關於存在的新科學與新哲學，它更對我們的生命造成影響，讓我們展開全新的生命。

即使是最傑出的人，也還沒辦法說明這項發現會對現在以及未來的我們帶來怎樣的影響與變化。我也不願催促大家去推測。我不用再強調我過去說過之話的重要性，而且我一點也不急著提出理由。提出理由並不像火車那樣必須在特定的時間開動。倉促的理由必然是不健全或具有野心的。我只希望在聽我演講的年輕人中，有些人能夠擁有強健的靈魂並因此對心智的探險充滿敏銳觸覺，我希望他們能夠牢記我上星期五說過的話，並且不吝惜地時常回想它。

新的實在以及關於實在的概念

對古人來說，存在指的是「事物」；對現代人來說，存在指的是「最內在的主體性」；對我們來說，存在指的是「生活」（living），也就是與我們自身的直接私密關係、與事物的直接私密關係[1]。我們肯定，身為現代人的我們已經到達了更高的精神層次，因為當我們回首過往的足跡，重新檢視我們根據的出發點（也就是「生活」），我們發現古代與現代的

1 譯注：living，不可誤解為日常「生活」那種具有瑣碎意義的生活，而應理解為「體驗生命」的意思。

思想已相互融合，它們受到保存，而且有所接替。我們站在更高的層次，站在我們自己的層次，我們站在這個時代所屬的層次。這種「時代所屬之層次」的概念，並不只是修辭而已，稍後我們會知道，它乃是真確的實在。

讓我們快速回顧先前曾經走過的道路，看看當初是如何得出以下結論：宇宙的基本與料（也就是宇宙中最根本且完全不可懷疑的實在）乃是「生活」。事物的存在是有疑問的，就像我本身的存在也有疑問；因此，我們必須放棄古人的實在論主張。另一方面，「我在思索事物」則是不可懷疑的事實，同時，「我的思想存在」也同樣不可懷疑；所以事物的存在乃是依賴於我、依賴於我對它們的思索；這是唯心論主張中結構紮實的部分。關於這部分，我們願意接受。但在接受它之前，希望能先徹底瞭解它，因此我們自問：當我在思考事物，事物究竟是在什麼意義下依賴於我？它們究竟是透過什麼方式依賴於我？當我說事物只是我的思想，這些我思之物的本質到底是什麼？

面對這些問題，唯心主義答道：所謂的「事物依賴於我」以及「事物只是思想」，指的是「事物是我的意識內容、思想內容，或者自我狀態之內容」。這就是唯心論主張的第二部分，也是我們無法接受的部分。我們不接受它，是因為它沒有意義。要判斷命題是否為假，這個命題就得要有某些意涵或意義；換句話說，只有當我們理解「二加二等於五」這句話的意義時，我們才能說它為假。

但唯心主義主張的這第二部分並不具有意義，就好像「方形的圓」是毫無意義的句子。如果說這座戲院就是這座戲院，那它就不可能是禁錮於我內心中的某種事物。我並不是藍色也不占有寬廣空間。我包含的（也就是我的本質）就只是我對戲院所形成的視覺與思想，只是我對繁星形成的視覺與思想，至於戲院以及繁星本身不是我包含之物，也不屬於我的本質。思想及其所思之物的關係，絕對不是唯心主義者想的那樣，思想的對象絕對不在思想者之內，絕對不是構成思想者的一部分。相反的，思想的對象是我們發現的，它與我們本身不同且存在於我們自身之外。

因此，我們不應該認為意識主體是封閉的，也不應該認為它只能認識自身，或是只能認識自身之內的事物。恰好相反，我能覺知到我思考之事物，例如當我思量所見之物，或者當我思索繁星，都能覺知到這些事物的存在，過程中，我所認知到的乃是兩種密切結合但又截然不同的存在，那是看見繁星的我以及被我所見之繁星。繁星需要我，而我也需要繁星。如果唯心主義就只是單純主張思想存在、主體存在或自我存在，那它的主張雖然不夠完備，但卻沒有錯誤。然而，唯心主義並不滿足於此，它還額外主張：唯有思想存在、唯有主體存在或唯有自我存在。這個主張是錯誤的。如果主體存在，客體也會存在，它們兩者不可分割，而且反之亦然。如果身為思想者的我存在，我所思想的世界也會存在。因此，最重要且基本的真理就是「我與世界共同存在」。所謂的存在就是共同存在，存在是「當我看見某種不是我的東西」，存在就是「當我愛上某種非我之事物」，存在就是「我在經歷事物」。

貧乏的自我

事物與我之間的關係，並不是唯心主義相信的那種單邊依賴關係。事物不只是我思和我感受之對象，這其中還包含一種反向的依賴關係，我也依賴著它們、依賴著世界。我們正在探討的乃是相互依存的關係，一種關聯性，簡言之，就是共存。

唯心主義曾經對思想有著清晰且強烈的直覺，但為什麼它現在卻犯了這種錯呢？簡單的說，因為它毫無考慮的接受了關於存在以及存有的傳統概念。根據古老的概念，存在和存有乃是完全獨立，因此，以往的哲學向來都認為唯一的真實存在就是那「絕對的存有」（Absolute Being），也就是一種存有學上的最高獨立性。當笛卡兒提出存在的概念，並定義實體是「無需依賴其他事物之存有」時，他比任何人都瞭解其中的道理。實體的存在就是獨立的存有，就是自足的存有。當唯心主義發現「基本且不可懷疑的實在就是我在思考，以及某物在被我思考」（這其中具備著一種二元性和關聯性）時，它不敢公正的承認這項事實，它只敢說：「當我發現這兩件整合在一起而且彼此依賴的事物，也就是主體與客體，我必須決定兩者中何者不需要對方就可以獨自存有。」然而，我們卻沒有發現任何確切的證據支持「『存有』就只是『自足的存有』」的看法。相反的，我們發現唯一不可懷疑的存在，就是事物與我之間的相互依賴性，事物是我感受的對象，而我是感受事物的主體。因此，不可懷疑的存有並不是自足的存有，而是「有所需求的存有」。存有的真正意涵乃是相互的需求。存有就是需求，我需要事物，事物需要我。

這項修正具有無比的重要性，但由於它是如此表面、不深奧、清楚簡單，以至於大家幾乎羞於承認它。你看到哲學是多麼注重表面性嗎？哲學就像是翻開自己底牌讓對手瞧見的遊戲。

我們之前曾說，基本的事實就是我與事物共存。但我們幾乎沒有提過，當我們認知到「我偕同世界存在」這個既單一又二元的首要實在，這個具有根本二元性的奇妙事實時，我們其實並不應該稱它作「共在」。因為，共在僅僅意謂著「一物存在於另一物旁邊」，僅僅意謂著「有兩物存在」。根據過去那種偏頗且靜態的存在概念和存有概念，所謂的「共在」就成了錯誤的描述。那種狀態並不是世界獨自存在於我身旁，而我也獨立存在於世界之側，它其實是「世界因我而得以持續存在」的概念，它的特性是動態的、面對我的、與我相對的；同時，我則是與其互動之人，我觀視它、想像它、感受它、愛戀它、憎恨它。

我們可以正式宣告，靜態的存在概念已經終結、成為過去。稍後我們會瞭解它所扮演的次要角色，但現在，就讓我們以活動的存在概念取代靜態的存在概念。當世界的存在與我產生關係，它涉及我的功能運作，也就是我對世界的影響與動作。而這的由自我看見世界、思想世界、感觸世界、愛戀或憎恨世界、迷戀或討厭世界、改變世界、消耗世界，以及承受世界等等構成的實在，就是我們一直說的「生活」。這就是「我的生活」，就是「我們的生活」，就是我們每個人的生活。

那麼，就讓我們高掛起「存有」、「共存」以及「存在」這些讓人尊敬的神聖字眼吧，我們將以以下說法取而代之：宇宙中最根本的事物乃是

「我的生命活動」以及我生活範圍內所有存在或不存的東西。在這個新的觀點下，我們可以合理認為宇宙和上帝被包含在我的生活中，因為「我的生活」並不只包括單獨的主體「我」而已，我的生活還包括了世界。我們已經超越了過去三百年的主觀主義，自我已經從它的內在牢籠中解放；自我不再是唯一存在的事物，它已無需再承受以往我們面對的那種身為唯一的孤獨感。我們已經掙脫了現代人退縮回自我心中的傾向，遠離了那與世隔絕且不見天日的陰暗角落，那無法伸展野心與欲望翅膀的狹隘空間。我們走出了自我的狹小地窖，走出了隱士的病態之屋，在那間充滿鏡子的房間中，我們唯一能看見的就只是自我的鏡像。現在，我們已經接觸到外界的自由空氣，雙肺終於呼吸到宇宙的氧氣，終於能高舉翅膀飛翔，我們的心也終於可以開始追尋仁慈。世界再度形成地平線，包圍我們，就像海的邊緣圍繞著我們；宏偉的世界如弓彎曲，我們的心受到啟發而渴望以箭的姿態迎上，懷著樂觀與希望的心總是充滿苦痛或快樂。就讓我們自世界之中拯救自我吧，讓我們「在萬物中拯救自我」。

當我寫下上面這些文字，我正在唯心論的聖地進行研究，由於不知未來是否成熟而恐懼，二十二歲的我畫下如此的生命藍圖。終於，我們再次撥雲見日。

不過，我們現在必須先明白，那真實且根本的實在，也就是「生活之活動」，究竟有什麼特殊之處？當我們試著瞭解「生活」，所有傳統的哲學概念與定義都派不上用場。我們見到的乃是嶄新的事物，因此，我們必須以全新的概念來思考它。我們非常幸運，因為我們有機會首次搬演新穎的概念。這種情境讓我們體會到希臘人曾感受到的快樂。希臘人是最先發現科學思想和理論的人，他們發現可以讓心靈與事物接觸的特殊方式，透過這種精巧的方式，心靈可以根據事物來形塑自己，藉此產生精確的概念。在那之前，希臘人並沒有任何科學背景，他們沒有任何既存概念，也沒有必須視為神聖不可侵犯的專業術語。他們所擁有的，就是眼前發現的事物和眾人使用的普通語言，那是「每個人用來與鄰人交談的主要語言」，突然間，這些大家習以為常的日常用語，竟然巧妙且精確地形容那出現在他們眼前的最重要之實在。謙遜的文字昇華了；粗鄙的日常語言搖身一變，成為高尚的專業用語，就像一匹承載許多高貴概念的驕傲俊馬。發現新世界時，人們需要的語言成了幸運兒。然而，由於我們承襲著長遠的過去，我們似乎注定只能繼續運用科學留傳下來的用語，這些詞彙是如此嚴肅不可動搖，長久的敬重它們已讓我們失卻所有信心。

科學概念就像五旬節（Pentecost），以火焰般的壯麗姿態照亮最不起眼的語言文字，當時的希臘人一定非常快樂。試想孩童第一次聽到「直角三角形之斜邊」這個堅硬、死板、鈍惰且冰冷如金屬般的字眼時的感受！然而，在某個美好的一天中，希臘海邊有些畢達哥拉斯學派的聰明音樂家發現，豎琴的最長弦和最短弦之比例竟然與兩弦發出的音高比例吻合。豎琴是三角形狀的琴，其最外側的弦，也就是延伸最長的弦，就是直角三角形的斜邊。今天，有誰能夠在這個糟糕的字眼中感受到它面具下那種美好且單純的意義？有誰能因這「最長的弦」而想起德布西的華爾滋舞曲《比緩慢更慢》（*la plus que lente*）呢？

生活就是在世界中發現自我

現在，我們也處在同樣的情境中。當我們希望完整表達「生活」的概念與範疇，我們必須深入最簡單的詞彙。我們會驚訝原來一個沒有特殊意義、不曾有過科學關聯的日常詞彙，竟然也可以因為科學的光輝而轉變成專業名詞。這是幸運降臨在我們身上的另一個象徵；我們以煥然一新的姿態到達了不受破壞的海岸。

不過，在這個海岸外，還潛藏著一個文字所無法形容的深淵，而「生活」（to live）這個詞只能夠幫助我們靠近它。到達那裡之後，我們必須鼓起勇氣走進去，即使我們知道這是危險可怕的深淵。在那深淵中，我們會發現一些對我們有所助益的裂縫，它們那純粹且不可測量的深度可以幫助我們回到存在的表面，也可以恢復我們的活力，變得更加強壯且明智。有一些基本事實需要不時重新檢驗，因為它們的深奧常常會讓我們迷失。耶穌說得好：「只有迷失者才能尋獲自我。」如果你們願意專注的跟著我，我們將會暫時迷失自我，深深潛入我們自身的存在，唯有如此，我們才能夠像克羅曼德（Coromandel）的漁夫一樣咬著珍珠從海底歸來，並且面帶微笑。

我們的生活是什麼？我的生活是什麼？如果我們想要以生物學上的定義（像是細胞、身體功能、消化以及神經系統等等）來回答這個問題，那就太過天真而且也不恰當。這些生物現象都是具有穩固基礎的假設性實在，它們都是根據生物科學建構起來的，然而，生物學卻只是我生活中的一種活動而已，它只是一種我對生物現象的研習或研究。我的生活並不只是細胞中發生的變化，就像我的生活也不只是我在夜晚所見到之微小燦爛的繁星。我的身體只是我在自身中發現世界的一小部分而已，雖然對我而言這一小部分在各方面都極度重要，但它終究還是我所發現世界的其中一部分。無論生物學告訴我多少有關身體組織的運作方式，無論心理學告訴我多少有關心靈的本質，它們都只代表某種次要的特性，這些次要特性的背後其實預設了一個事實，就是「我活著」並且在生活的過程中體驗、看見、分析並研究身體與心靈。因此，上述那種生物學式的回答並沒有觸碰到我們想要定義的基本實在。

那到底什麼是生活呢？我們不用遠求，也不必回想其他人說過的智慧言語。基本的真理一定唾手可得，因為只有近在咫尺的真理才是基本真理。那些需要尋找後才能得的真理，只能稱得上是個人的真理、局部的真理、偏狹的真理或者孤立的真理，不是基本的真理。生活就是我們的本質，就是我們的所作所為；因此，生活就是由我們每個人周遭的所有事物構成。只要我們伸出手，它就會如溫馴小鳥般讓我們掌握。

在你們來這裡之前，如果有人問你們要去哪裡，你們會回答：「我們要去聽哲學演講。」現在你們已經到了這裡，而且正在聽我演說。雖然這並不是重要的事，但是它在此時此刻卻是構成你生命的東西。很抱歉，我不得不告訴你一個事實：你的生命就是由這些不重要的東西構成。如果我們誠實以對，我們就會承認人生中絕大部分都是由這類無關緊要的東西構成：我們熙來攘往、做這做那，我們思考，我們想要這樣或不想要那樣等等。有時候，我們的生命似乎會出現一些突如其來的張力，它們會以極度緊繃的方式匯集而來：例如當我們面對龐大的悲傷情緒，或受到某種巨大的欲望拉扯，此時我們也認為自己正面臨某種重要的事情。但是請注意，當我們從生活的角度看待它們，各種不同的高低起伏（無論它們是否重要）其實都是一樣的，因為這些危急、狂亂的時刻和那些瑣碎的時光一樣，它們都只是生活中的片刻罷了。

當我們尋求生命的純粹本質，我們第一眼看到的，就是生命中許許多多的活動與事件，這些活動與事件不斷點綴我們的生命，讓我們的生命更豐富。

我們所用的方法，就是一一指出生命的屬性，從最外在的屬性開始，一直到潛藏於我們內心最深處的東西，透過這種方式，我們將從生命的外圍回溯到其不斷悸動的核心。接著，我們將發現一連串內移的生命定義，在每個新定義中，我們都可以見到其先前的定義，而且每個新定義也都將會讓前一個定義更顯重要與深刻。

第一個定義就是：

生活就是我們所做的事以及發生在我們身上的事，從思考、做夢或是情緒波動，一直到玩股票或是在戰場上爭勝。然而，如果我們沒有認識到這些事情其實是我們的生活，那麼這一切就不會是我們的生活。這就是我們發現的第一個關鍵屬性：生活是種奇妙、獨特與神奇的實在，它具有「為自己存在」（existing for itself）的特權。所有的生活都是某人自己的生活，感覺自己活著、知道自己存在，這裡所謂的「知道」指的並不是智性上的知識或特殊的智慧，而是指每個人的生活在各人面前奇妙展現：如果缺少這種認識、沒有這種自我認知，那麼就算是牙疼也不會讓我們感受到痛楚。

石頭不會感覺自己是石頭，也不會知道自己是石頭：石頭對於自身，正如對其他東西一樣，都是完全盲目且一無所知的。相反的，生活是種當下的啟示，是對單純存在的不滿（直到一個人能夠看見或瞭解自己是什麼為止），這是探索的過程，一種對自身的理解。生活就是不斷發現我們自身以及我們所處的世界。現在，我們要解釋為何當我們說到「我們的生活」，我們會用那個奇妙的所有格；生活是「我們的」，因為它除了屬於我們，我們還清楚認知「它屬於我們」這項事實，並且認知到它是這種或那種生活。當我們感知到自己，我們便擁有自己，這種發現自己的過程就是掌握自己，無論我們做了什麼，無論我們到底是什麼，都會呈現出這種基本且永恆的存在，而這也正是生活得以與眾不同之處。偉大的科學以及廣博的知識，都只不過是在利用、詳述以及彙整那已然包含於生活中的基本啟示罷了。

現在就讓我們引用埃及神話中的故事，幫助我們記住這個觀念吧，在這個故事中，奧賽利斯[2]死了，他所愛的依西斯[3]為了讓他復活，便讓他吞下鷹神霍魯斯[4]的眼睛。從那時候開始，鷹神的眼睛就出現在所有古埃及文明的宗教繪畫中，它代表生活的第一個屬性，也就是「察覺自己」。這個傳遍整個地中海地區甚至影響東方世界的鷹神之眼，被其他宗教當成是上帝的主要屬性；「察覺自己」就是生活的首要屬性。

這種察覺自己、認知自己，這種將生活呈現在我面前，讓我得以掌握它、使它變成「我的」生活，正是瘋狂的人所缺乏的。狂人的生活不屬於他自己；嚴格說來，狂人的生活根本不能算是生活。要瞭解狂人是世界上最麻煩的事。因為，生活的外貌雖然展現在他身上，然而一切都只是面具、假象，在面具背後，生活根本不存在。當我們面對一個瘋狂的人，感覺就好像對著一個面具；瘋狂的人就是這個面具，他也只有這個面具。瘋狂的人不能意識到自己，因此他不屬於自己，他被剝奪了，所以「剝奪」、「無法掌握自己」就是古代用來描寫瘋狂的人所用的辭彙，諸如「心不在焉」、「不正常」、「發狂」、「精神錯亂」、「喪失自我」、

2 譯注：Osiris為古埃及神話中的冥界之王。

3 譯注：Isis為古埃及神話中掌管生命與健康的女神。

4 譯注：Horus，在古埃及神話中，霍魯斯為奧賽利斯和依西斯之子，是王權的守護者。

「中邪了」，也就是說，他宛如受到別人的控制。生活就是認知自己，這是顯而易見的。

我們可以說，先有生活，後有哲思活動，正如你們所見，從嚴格的意義上來說，這就是我整個哲學的基本原則。不過當我們這樣說，一定要再強調一個重點：生活的根源與重心是認識和瞭解自己，是觀察自己與周圍環境，是在自覺。因此，當我們提出「我們的生活是什麼？」可以這樣回答：「生活當然就是我們的所做所為啊！因為生活就是對自己的作為有所認知；簡單的說，生活就是發現自己存在在這世界上，發現自己正在從事世間的各種事情。」

在新的哲學中，「發現自己」、「世界」、「從事」這些常見的字眼已成為專門的辭彙。我們可以花很多時間討論這些辭彙，但我只想說「生活就是在世界中發現自我」，這個定義和我在演講中提出的所有主要觀念一樣，都出現在我出版的其他作品中。對我來說，提出這點很重要，特別是關於「存在」的概念；我認為這個概念是我意識型態中最優先、最重要的部分。基於這個理由，我樂於承認，深入分析生活的人是德國哲學家海德格。

生活就是決定自己的未來

現在，我們要讓自己的觀察力變得更加敏銳，我們正面臨一條更危險的海岸線。

生活就是在世界中發現自我。在海德格最近的作品中，他要我們注意這些辭彙代表的重大意義。所謂在世界中發現自己，指的並不是在廣大的空間或我們所稱的「世界」裡，發現自己的身體存在於其他具體事物中。如果只是如此，生活的過程將不存在，因為在那種情況下，物體會四處流動，並且彼此碰撞、分離，宛如原子或撞球檯上的撞球，這些物體彼此互不相識也互不關心。我們生活的這個世界，是由許多令人愉快和不愉快的事物所組成，是由許多惡與善構成，是由許多可親的和危險的東西組成；不過，真正的重點不在於這些東西是否為物體，在於它們影響我們、吸引我們、撫慰我們、威脅我們和折磨我們。本來，我們所謂的物體只是某種反抗、阻礙我們或是支持和維護我們的東西；這樣說，它們就是一種有利或不利於我們的東西而已。從嚴格的意義上來看，世界就是那影響我們的東西，而所謂生活，就是每個人都發現自己處在有許多問題影響我們的領域中。在這種情況下，儘管我們不知道這些影響如何發生，但是我們的生活卻在發現世界的同時，也發現自己。無論是物體還是生物，如果它們不是處於充滿其他事物的世界之中，它們將毫無生活可言；所謂「生活」就是感知到事物與地方，喜愛它們或憎惡他們，渴望它們或害怕它們。整個生活就是自己忙著與非我的事物接觸，整個生活就是和自己周圍的一切生活在一起。

因此，我們的生活不是只限於我們自己，我們的世界也是生活的一部分。我們的生活就是我們忙著接觸其他事物；很明顯的，我們的生活乃是取決於我們自己以及我們的世界。所以我們能夠將「我們的生活」想像成結合了世界與自我的弧；但是在世界和自我之間，沒有優先順序之分；兩者之中沒有任何一個先於另一個，它們同時產生。此外，兩者之中也沒有哪一個比較接近我們；我們並非先考慮自己而後才考慮四周環境，相反的，生活是發現自己面對著這個世界、處於世界之中，生活是發現自己落入世界的單調乏味、陷於世界的諸多問題、掉進種種令人不愉快的紛擾。反過來說，由於世界只由那些影響我們的東西組成，因此世界也無法和我們分開。我們一生下來就與世界緊緊相繫，我們與世界的緊密程度正如古希臘羅馬那些生在一起、活在一起的眾神一樣，例如，宙斯的孿生子，兩個同生同長的神。

現在，我們生活在這裡，我們發現自己處於世界的某個角落，而且我們覺得來到這裡是出於自己的自由意志。然而，雖然我們在這個世界中的生活具有種種可能性，但是事實上，我們卻無法自由的活在這個世界或不活在這個世界。我們雖然可以捨棄生命，但是只要想繼續活下去，我們就不能選擇自己生活的世界。正因如此，生活才有精彩的一面。生活不是像飯後隨意選擇一家戲院看戲，你無法根據個人喜好事先選好生活的地方；生活是在莫名間發現自己落入無法改變的世界，突然發現自己陷入當下的世界。我們的生活始於一連串令人驚異的存在。沒有經過自己的事先同意，我們就淹沒在既非自己建造也非自己想過的世界中。我們的生活不是我們自己給予的，就在我們發現自己，我們也發現了生活。若是帶任何在睡夢中的人去到戲院包廂裡，他突然醒來看見舞臺燈光與臺下觀眾，一定會為眼前的明亮景象震撼。當他驚覺自己身處於戲院，他會想到什麼？他既不知道自己如何來到這裡，也不知道為何在這裡，只發現自己陷入令人不安的情境；這是他從未期望、毫無預料，也從不曾準備要面對的公開場合，而且他還必須在這個困境中安慰自己以求舉止合宜。從根本上來看，生活總是意料之外的。在我們踏上人生的舞臺之前，那個始終具體且明確的舞臺，沒有人能預示我們的出現，沒有人能為我們事先做好準備。

這種突如其來且無法預期的特點正是生活的基本屬性。如果我們能夠在踏上人生舞臺前預做準備，那麼情況可能就完全不同了。詩人但丁曾說：「先見之箭，來之不疾。」不過生活可不是弓箭；整個生活以及其中的每分每秒，比較像是近距離擊發的槍彈。

我想，這個比喻十分清楚地描繪出生活本質。生活是加諸在我們身上的，更確切地說，它是拋向我們的，或者說，我們被拋入了生活，但是加諸在我們身上的到底是什麼？生活到底是什麼？這就是我們必須為自己解開的問題。這個問題不只彰顯在那些充滿不幸與矛盾的困境，它也同時出現於其他各種情況裡。當你來到這裡，你就必須下定決心解決它，必須決心以這種方式活在當下。或者換個方式說，當我們活著，我們就宛如站在高懸於半空中的繩索，我們身上背負著生命的重擔，而繩索之下就是世界的十字路口。這種情況下，我們不會預先判斷自己的存在究竟是快樂的還是悲哀的：不論快樂或悲哀，存在都是來自一種永無止盡的需求，一種必須解決生活中各種問題的需求。

如果射擊出去的子彈擁有靈魂，它會感覺到自己的去向早已被彈藥和槍枝的撞針決定，如果這道軌跡就是子彈的生命歷程，它會覺得自己只是一個旁觀者，完全無法干預自己的人生；這顆子彈既非自我擊發，也無法選擇它的去向。正因如此，這種存在不能稱作生命。我們不會覺得生命是預定的過程。即便我們十分確定明天會發生什麼事，我們還是認為這只是一個可能性。這是我們人生的另一個基本且戲劇性的特質。因為這個因素，我們的生活總是一個有待解決的問題，無論問題大小，我們都無法置之度外；任何時刻，我們都會發現自己被迫在諸多可能性中抉擇。如果說我們不能選擇自己要活在什麼樣的世界（這是生命注定好的一面），我們至少可以發現自己活在某個充滿種種可能性的範圍裡，而這就是生命中自由的面向；生命既是自由中的定命，也是定命中的自由。這能不教人驚嘆嗎？

我們被拋進自己的生活中，同時也必須為自己建構生活。或者換個方式來說，我們的生活就是我們的存在本質。我們就是生活展現出來的樣貌，除此之外別無其他，但是這個本質既不是事先確立的，也不是預先決定的；這個本質必須由我們自己決定，我們必須決定自己的未來；例如說，當我們準備好走出戲院，我們想要變成什麼樣的人。我稱它為「憑藉自己的力量，確立自己的存在」。我們所說的生命與生物學上的生命並不相同，因為它既不因睡眠而靜止，也不因睡眠而中斷。雖然我們在休眠時並沒有作為，但是醒來之後，會發現夢中轉瞬即逝的回憶仍然充實了我們的生活。

那些古老且原始的比喻，其真確程度可以說和牛頓定律不相上下。這些珍貴的比喻如今已變成語言的一部分，我們生活在這些比喻之中，宛如漫步在曾經布滿活珊瑚的島嶼上，我要再次強調，在這些比喻中，我們見到那些最根本的生命現象如何透過直覺完美表達。例如我們常說：「我們生活在沉重的負擔下」，又說自己處於「重大的情況」中。這些話語中的「負擔」與「重力」正是由物質的重量比喻而來，因為承擔其他人加諸於我們身上的力所造成精神上的煩惱。而事實上，生活也確實重壓著我們，因為生活就是一種自我背負、自我支持以及自我導引。然而，一成不變的習慣卻讓我們不再敏銳，我們也因此忘卻那些已然成為我們生命一部分的經常性壓力；而當不常見的問題出現，我們就會再次感受到那個重擔。當一個星體受到另一個吸引，並不會在自己身上增加負擔，然而，生命的存在卻是一個重擔，不過它同時也是一股支持的力量。在西班牙文中，「喜悅」這個詞很接近「轉瞬而去」，也就是擺脫負荷的意思。當背負沉重負荷的人到小酒館中尋找歡樂，他那些嚴肅的想法便會離他而去，而他人生中的一切不幸也有如飛船般輕快飛上天空。

歷經這麼多的討論之後，我們可以說：在這個縱向的旅程中，在這個有關於我們生活與存在的深刻歷程中，我們已經踏出了明顯的步伐。對此刻的我們而言，生活就是感受自己被迫做出決定的過程。我們一開始曾經說過：生活就是我們的所做所為，日常行為和世間萬物結合起來就是生活；但我們並不會滿意這種說法，因為我們知道，我們的一切行為、所做的事情都不是自動產生的；我們並非機械式的做出這些舉動，我們也不是留聲機播放出來的錄製歌曲，我們的一舉一動都取決於我們自己；這個決定的過程才是生命中真正活著的部分，至於那些「執行」的部分則大多只是機械式的舉動而已。

我要告訴你們一個基本事實。我們曾說過：生活就是無時無刻不在決定自己要做什麼的過程。你們發現這句話包含的巨大矛盾了嗎？所謂的生活，竟然不是取決於它是什麼，而是取決於它將要成為什麼：也就是取決於它尚未變成的東西！這個根本的、深刻的矛盾就是我們的生活。這不是我的錯，從嚴肅的真理層面說來，這就是生活的原貌。

現在，你們當中或許有些人在想：「原來這就是生活，生活就是決定自己的未來！但是我們已經在這裡聽他演說了一段時間；在這段時間我們一直沒有說任何的話，然而，我們當然一直在活著！」對於這種想法，我要說：「各位朋友，這段時間你們都在這裡聽講，然此同時，你們也不斷決定自己要成為哪一種人。這是你們人生中許多重要時刻之一，但相對來說它卻是被動的，因為你們只是聽講的人。但是這種情況符合我對生活的定義。證據在於：當你們聽我演講，有些人一定不只一次想過到底是隨便聽聽就好，還是要繼續留意我說的每句話。這時候，你們已經決定了生活的歷程，專心聽講或分心他用、思考這個題目或別的題目，而這種對生活或是其他東西的思考，就是你們此刻的生活情況。同樣的情況也可以用在那些不曾猶豫、一直專心聽講的人身上。他們要時時刻刻堅定自己的決心，讓這種決心持續下去，如此他們才能夠保持專注。即便是最堅定的決心也必須不斷加以確定，就像槍枝的火藥會因缺乏使用而失效，必須重新裝填才能維持功用；簡單的說，就是要重新建立決心。當你們來到這裡，你們已經決定自己要成為什麼樣的人，你們將成為聽眾；一旦身處此地，你們必須一再做出決定，否則你們將漸漸脫離演說者的掌控。」

現在，讓我們來收成這一切為我們帶來的結果：如果生活是決定自己要成為什麼樣的人，這就表示，在我們生活根基上，有一種時間屬性。「決定自己要成為什麼樣的人」意味著考慮未來。當我們這樣做，便會擁有豐碩的發現。首先，我們發現生活就是不斷觸碰未來。這其實又是另一個矛盾之處。在生命歷程中，首先出現的既不是現在也不是過去。生活是與未來有關的執行活動；換言之，相對於未來，現在與過去都是隨後才出現的。生活是即將出現的未來，是那尚未成為過去的東西。

第十一章

基本的實在就是我們的生活

生活的範疇

理論的生活

命運與自由

每次當我提到我們不得不超越古典與現代的邊界，我總是會加上一句話：唯有保存它們，我們才有可能超越它們。從本質上來說，精神不但是最殘酷的，同時也最溫柔、最寬厚。為了生存，精神必須要透過謀殺自己的過去來否定過去。但是，若真的想要否定過去，精神就必須得讓那被殺死的過去重新復活，並讓過去持續存在在心中。如果徹底扼殺過去，它就無法被否定，換言之，只有否定過去後，才有可能取代過去。如果我們沒有重新反思笛卡兒的思想，如果笛卡兒沒有重新反思亞里斯多德的思想，我們的思想就成了原創的思想，不會是承接過去的子孫，而我們也就得回頭重新開始。所謂的超越，就是繼承並增添過去。

當我說我們需要新的概念，我指的是在既有概念上必須增添的一切，換句話說，過去的概念必須延續，但它們將成為次要的概念。如果我們發現一種比過去之存在方式更為基本的嶄新存在方式，很明顯的，我們就必須發展出前所未有的存在概念，但這種新觀念也必須要能同時解釋舊的存在方式，它必須展現出過去那種存在方式中所包含的一些真理。因此，幾天前我們提到了（因為時間的關係，我們僅僅作了一點提示而已）「宇宙萬物之物質存在」（cosmic being）以及「具有實體之自我」這類舊觀念，並談到它們如何對還沒有發現意識的基本實在具有價值，稍後，我們也展示了在沒有生命作為先前實在的情況下，「主觀存在」的概念如何成為有效的概念。

基本的實在就是我們生活

好了，我們現在知道，古典與現代兩者都在哲學的名義下追求與宇宙（或所有的存在）有關的知識。但它們兩者卻在起步時，也就是尋找什麼是宇宙最初真理的時候，就已分道揚鑣。古人的起點乃是尋找最根本的實在，因為他們認為那最根本的實在就是宇宙結構中最重要的實在。如果是依據有神論，那麼解釋其他一切存在的最重要實在就是上帝；如果是唯物論，那麼最重要的實在就是物質；如果是泛神論，那最重要的實在就變成了一種無區別的存在體，既是上帝又是物質。相較之下，現代人則先暫時停下這種搜尋，他們問到：「這些實在的確有可能是宇宙中最重要的實在，但是，即使我們證實了這一點，仍然無法更進一步，因為我們忘了質問一件事，就是那可以解釋其他一切存在的實在是否是種完全明顯確切的實在？此外，那些被解釋的其他存在又是否真的是毫無疑問的實在？」

哲學的首要問題，不在於尋找宇宙中最重要的實在，而是在尋找最真確、最無庸置疑的實在，即使它有可能是最不重要、最不起眼且最無足輕重的。簡而言之，哲學的根本問題是要決定什麼是宇宙中的根本與料。古人從來不曾正式探索過這個問題，因此，無論他們處理其他問題的技巧有多熟稔，它們的層級都還是低於現代人的層級。所以我們要定立自己在這個層級之上，並專心與現代人辯論什麼是根本且不可懷疑的實在。我們發現，不可懷疑的根本實在並不是主體或者意識，而是那同時涵括了主體與世界的生命。這種認知方式讓我們擺脫了唯心主義的糾纏，並且邁入新的層次。

但是大家請注意，我們採行的這種方式並沒有脫離哲學的首要問題，事實上，我們乃完全專注在那最初的宇宙的與料上。如果我們相信宇宙的與料就是我們的生命，也就是說，如果我們相信整個宇宙中我們能直接經驗的就只是自己的生命，那我們就不該質疑是否還有其他我們無法直接經驗到，但卻更為重要的實在。關於「什麼是宇宙與料或不可懷疑之事物」這個問題，它本身並不是哲學，它只是進入哲學的門檻，只是哲學的前言序曲。我要提醒大家，這是我在一開始就說過的話。

我不知道你們是否注意到，這項主張產生了非常基礎的結果，嚴格來說，它幾乎基礎到我不應該說出來的地步。然而，我覺得我還是應該再強調一次。這個結果就是：「如果我們承認，那唯一不可懷疑的實在就是我們剛剛定義的那種實在，那麼我們作出的任何其他主張都不能與該基本事實屬性有所矛盾。」因為，其他一切不同於那初始實在的事物都是可懷疑的、次要的，唯有當它們奠基在不可懷疑的實在上，才會穩固。

舉例來說，假設有某個人採用現代的原則當作立論基礎，並主張唯一不可懷疑之事物就只有思想之存在，那麼，根據這項主張，我們可以說他是站在現代性的基準上。但是，他又接著說：「當然了，除了思想，還有物質存在，也就是物理學家知道的物質，由原子組成並受到某些定律規範的物質。」我必須說，如果「除了……還有……」這幾個字就能表示物理學的內容與主觀原則仍然成立，那麼只能稱之為荒謬。主觀原則告訴我們，不可懷疑的實在乃是非物質的，因此，物理法則對此毫無置喙的餘地（物理學和其他的科學一樣，都只是探討次要的類實在）。不過主觀原則並沒有否定物理定律，它只是貶抑物理定律的效力，成為一種只能處理次等現象的力，這些次等的現象一點都稱不上基本。和唯心主義哲學家一樣，那些帶有唯心主義色彩的物理學家（也就是現代的物理學家）必須面對並解釋一個疑問：如果非物質的思想是唯一不可懷疑的實在，那他們該怎麼合理談論物質之真理？不過無論他們怎麼想，他們都沒辦法讓物理學反過來影響那不可懷疑之實在的定義。

那是個不可撼動的定義，根據此定義為出發點而衍生的實在，稍後的說法也無法撼動。我認為應該要強調這項基本的事物，這種做法不會不恰當。

這個新的事實、新的實在，就是「我們的生活」，就是我們每個人的生活。如果有任何人想要談論其他更不可懷疑、更基本的實在，那絕對是不可能的任務。即使是思想也不是先於生命活動，因為我的思想乃是我生活的一部分，乃是我生命中的特殊活動。這種「尋找不可懷疑之實在」的活動，是因為我活著或至少是在我生活的範圍才可能發生的活動，換句話說，它不可能獨立於我的生命之外。我尋找實在，是因為我努力進行哲思，而尋找實在也是我的第一項哲學活動。同時，哲學活動乃是特殊的生活形式，它預設生活的存在，因為我之所以從事哲學活動，是因為我好奇宇宙的本質，而該好奇心則是來自我在生活中感受到的欲望，那是種總是指向自我的欲望，而且也可能是總是迷失在自我之中的欲望。總而言之，無論我們認為哪種實在是最基本的實在，我們都會發現它預設生活是種存在之事實。這種預設生活之存在的活動，其本身就是一種重要的生活活動，它就是「生活」本身。

大家或許會對此感到訝異：唯一不可懷疑之實在竟然是「生活」而不是思想，例如唯心主義者所謂的「思維」（cogito）（這個概念在過去也曾令人驚訝）、亞里斯多德說的「形式」，或是柏拉圖的「理型」，這些都是當時各個時代中令人頭痛的悖論。但我們又能如何呢？畢竟事實本來就是如此。

如果事實本是如此，那麼我們就只能將新的基本實在之種種屬性設定為事物的基礎，即使它們可能彰顯出先前各種理論和科學思想的錯誤，我們也必須接受它們、承認它們的真確性。哲學的系統架構下，我們必須解釋：當我們以生命活動作為出發點，如何能保有原來關於生活的概念？我們又該如何面對有機的物體、各種道德與物理定律，甚至是神學。不過，我並沒有說宇宙中除了我們不可懷疑的生活，也就我們能直接體驗的生活之外，不存在「其他的生活」。我們可以確定，當我們以科學的角度看待，「其他的生活」和有機實在和物理實在一樣值得懷疑，相較之下，唯有我們的生活，我們每個人自己的生活才是真確且不可懷疑的。

生活的範疇

先前我們曾因為討論上的需要，倉促定義生命。你們或許會認為我們討論的事物非常平凡，並且對此感到困惑。但它之所以看似平凡，乃是因為它顯而易見，而顯而易見的事實正是我們追求的對象。生活並不神祕，恰恰相反，生活是最清晰且最明顯可見的一種存在。然而正由於它是如此純粹清澈，我們反而不容易仔細審視它，因為我們的眼光會穿透它，並落在仍不真確的事物上，我們必須花費一番力氣，才能讓眼光停留在這些直接且真確的證據上。

顯然的，生活就是在世界中尋找自我。如果我突然發現孤獨的自我，那麼我雖然可以說我存在，但這種存在只是唯心主義式的主觀存在。事實上，我發現的不應該是孤獨的自我，因為當我仔細探索自我，我發現一個人，一個正在進行某些與自我無關活動的人，一個與許多相互連結並整合之事物共存的人；這些事物面對著我、構成我的周遭環境，它們宛如籠罩一切的整體世界，而我存在其中。我並不是被動的存在其中，我既不孤獨也不頓惰，相反的，我因世界對我形成的壓力而喜悅激動。

當我發現自我，我也發現我面對的世界，發現環繞自我的世界，世界為我而存在，同時也影響我。世界和所謂的「自然」不同，它不是古人熟知的物質宇宙，對古人來說，宇宙是可以單獨存在的基本實在，主體或許可以認知到它其中的部分，但它卻也擁有一些永不可知的神祕性。相較之下，生命、生活之世界則一點都不神祕，因為它完全是由我觀察到之事物構成，因為它完全就是我觀察到的事物。我的生活就是我直接經驗的事物，除此之外別無其他事物可以進入我的生命。簡而言之，世界就是生活中經歷的一切。假設我的世界是由許多純粹的神祕事物構成，假設它們都是不可思議且難以理解，就像某些美國電影的內容。好，即便是在這種情況下，我仍可以說「它們是神祕的，它們是謎一般的」這個事實對我而言是明顯且真確的，這個事實讓我對它產生神祕的、謎一般的感覺；因此我必須說，我所經歷的這個世界對我而言乃是一個真確且不可懷疑之神祕，它很明顯是由神祕構成。這一切就好像我說「世界是藍色或黃色」那般簡單。

我們稱為「我們的生活」的這種根本實在，具有因為自己而存在的基本屬性，它也具有自我認識以及清楚直接的特質。唯有當它擁有這項特質，而且無論它還有什麼其他特質，我們才能說它是不可懷疑的，也唯有這項特質，才讓它成為根本的實在。

這種所謂的「找到自我」、「理解自我」以及「直接清楚」，就是生活的第一類範疇。有些人可能不知道什麼是範疇，但這並不是件丟臉的事。範疇雖然是哲學思想中的基本概念，不過不必因為不曉得某種基本概念而感到羞恥。我們每個人都可能不知道某些旁人熟知的基本事物。真正讓人感到丟臉的並不是不知道（那其實是很正常的），而是不願意知道；真正讓人感到丟臉的，是當有機會可以知道卻選擇不尋求答案。無知本身不會導致人們拒絕尋求答案，唯有自以為知者才會如此。自認為自己知道，才是可恥的事。事實上無知但卻又自以為知者，會關上自己的心房，使真實的正見無法進入。他本身的愚昧想法，會自傲又頑固的自我捍衛，就好像是白蟻中那些頭部碩大、光亮又堅硬的兵蟻，牠們會忠貞守衛在巢穴入口，以自己的頭來阻擋一切想要進入洞口的外來事物。同樣的，那些自以為知者，也會用自己的腦袋封住原本可以讓真理通過的心扉。

西班牙國內外任一個曾從事積極且公開之理智思維活動的人，都會思索和比較這種現象；他們最後都不得不同意，這種封閉的心態乃是西班牙人固有且特有的惡習。這並不是偶然。西班牙人之所以理智思想封閉，因為他們是靈魂上的隱士，這是更深層的封閉。此外，這種封閉的情形在西班牙女性身上更是嚴重。這是種殘酷的指控，但我絕不是隨口亂說。當言論與文字可以自由傳播，我將展開反對西班牙女性生活方式的運動。這不會是令人愉快的運動，它讓我感受到巨大的痛苦。

我向來就不喜歡那些不斷表示「應該」完成某些事情的人。我的人生中，我很少從義務的角度看待自己的所作所為。我盡情的生活，而且一直這麼做，這一切的背後動力並不是來自義務，而是來自我的夢想。稍後我也會提出一些不同於傳統倫理學的倫理法則，在我的倫理法則中，道德的主要觀念乃是在於夢想，而不是義務。義務固然重要，但它是次要的，它只是夢想的替代品。有時候我們無法以夢想完成某些事物，但我們至少必須透過責任感來完成它。

關於這項西班牙女性生活方式的改革運動，我必須說它實在太過嚴酷，它不但不是夢想，恰恰相反，它是種犧牲。經過多年的沉思，我相信它是一項義務。在我們西班牙式的生活中，許多事物都需要根本改革，其中最有必要接受徹底改變的，就是女性的靈魂。有些人和我一樣，相信女性對歷史的影響遠大於一般人的想像和猜測，而且我們也相信，女性可以持續不斷地以各種極度細膩的方式影響歷史，在我們看來，許多原因不明的重大缺陷都是源自西班牙女性的不當生活態度。雖然這項改革運動充滿困難與危險，而且我也預見它將帶來許多痛苦的後果，但我仍覺得必須擔起這項義務。

如你所見，我已完全脫離制式的刻板印象。我幾乎不是慇勤的，我們必須放下慇勤，必須克服那股由慇勤、現代性以及唯心主義構成的氛圍，我們必須向前邁進、對女性展現熱情，儘管這將無比的艱辛、費力而且激烈。從今日的角度來看，一八九〇年代那種對女性充滿卑躬與恭謹的紳士態度已非常不合時宜。現代的年輕女士已不再習慣於接受這種殷勤，三十年前那種全身都充滿男子氣概的態度，在今日看起來反而有些娘娘腔。

不過，還是讓我們回到與「範疇」有關的主題上。我之前說過，你們有些人並不知道也沒有理由需要知道什麼叫做「範疇」。我現在要告訴大家，「範疇」的概念非常簡單。舉例來說，儘管馬和星星的組成成分與元素非常不同，但不論差距多大，它們都有一個共同點，就是兩者皆為具有實體之物。馬和星星都是真實的物，它們都占有空間、存在於時間之中，它們在移動的過程會有所改變，而且當它們與其他物體相碰撞也會造成對方的改變。此外，它們也都具有顏色、形狀、密度等特質。因此，我們可以在它們兩者的眾多不同點中，找到少數的相同元素與特質，那就是真實存在、占有時空、具有特質、可以運動與變化。任何具有實體的事物，都會和它們一樣具有這些條件與特質，換言之，它們都擁有實體存在物的基本架構。這些就是亞里斯多德所謂的「範疇」，也就是每個實存之物因其實際存在而擁有的特質，這些特質與那些因物而異的特質完全不同。

相較之下，我們發現的實在，也就是「生命活動」，則迥異於古人所謂的物質存在。我們發現的實在乃是由一些範疇或要素組成，這些範疇或要素都具有同樣的重要性、原創性，而且彼此密不可分。「我們的生活」具有的這些「範疇」，正是我們追尋的事物。我們的生活，指的就是「我們每個人」的生活，在此意義下，我的生活雖然不同於你的生活，但它們都是「我的生活」；換言之，我的生活與你的生活具有某些相同的組成元素，那就是「我的生活」具有之範疇。這種實在與過去哲學所說的「存在」之間有著極大差異：過去哲學說的「存在」指的是一種普遍的狀態，而不是一種個體的特質，例如亞里斯多德所謂的「範疇」是指普遍事物共同擁有的範疇，但是，「我的生活」並非如此。當我們使用「我的生活」這個概念指涉我的或是任何人的生活，它必然涉及某個獨立的個體。因此，我們發現一種非常罕見的概念，這是一種「普遍」而又「個別」的概念。直至今日，邏輯一直忽視這種看似矛盾的概念。黑格爾曾試圖尋找這種概念，但他沒有成功。他所謂的「具體的普遍」（concrete universal）雖然具有普遍性，但卻不具有真實且基本的具體性，也就是說，它並不涉及獨立的個體。可惜我現在無法探討這個題目，讓我們暫時放下並繼續前進吧。

「我們的生活」的首要範疇就是「找尋自己」、「理解自己」、「明白一切」，除此之外，我要再次提醒大家，這裡的主體不只是自我，還包括了世界。在這個過程中，我考量的是處於世界之中的自我，是自我以及世界，換言之，就是「我在生活」。

畢竟，「尋找自我」就是發現我正在世界中進行某些活動。所謂的「我」，就是自我與世界事物的互動，而「世界」則是由那些我在與之互動的事物構成，除此之外別無其他。進行活動，指的就是做某些事，例如思考。思考是種生活過程，因為它讓自我與事物產生互動，它讓自我思索事物。思考是一種創造，比方說創造真理以及創造哲學。當自己專心進行某些活動，它可以是創造哲學、發動革命、製作香煙、創建基礎、製造時機等等。這就是處於生命之中的我的本質。

理論的生活

至於那些事物又是什麼呢？在這種基本觀點與思考模式之下，當我說這些事物是我經歷的對象，它們到底是什麼？我是那個創造者，我在思想、奔跑、反抗或希冀，但那創造的事物是什麼呢？

奇特之處在於：那創造的事物也是我生活的一部分。當我等待，完成的就是「我在等待」這項活動；當我製作香菸，實際上完成的並不是香菸本身，而是「我在捲菸草」這項活動。除卻了我的活動，香菸本身並沒有任何根本的存在地位可言；我們之所以認為它存在，完全是因為受到古人的錯誤觀念影響。該香菸是我在製作它的過程中操弄的對象，當我結束製作活動、當我製作的對象不再是我製作的對象，該香菸就轉化成另一個活動的對象，它變成了某個人點燃吸食的對象。它真正的存在狀態，化約成我的活動對象。離開我對它的經驗與互動，它就失去自己的存在地位。它是種功能性的存在，即它的存在有助於我的生活；它是為了某某功能而生的存在，它是目的導向的存在，有了它，我才能進行某些活動。然而，當我談論這種存在，我依然可以採取傳統哲學的方式，可以將這種存在視為是獨立於我的生活、獨立於我對它的操弄而存在的事物，換言之，我可以採用古人對「存在」的定義；這樣做的結果非常明顯：當我抽離某事物的根本存在，也就是抽離那平凡的、可供使用的、人們在生活中經歷著的存在本質，我將發現，該事物並不會因為我停止與它互動而消失，相反的，它仍然獨立存在於我的生活之外，似乎期待著將來能夠再為我所用。

然而，那個獨立存在、與我的生活無關的事物之所以浮現，乃是因為我將它從我的生活中抽離出來，而「抽離」也是一種作為、一種創造、一種自我從事的活動，那是自認為自己沒有在生活的想法、裝作沒有從事某些活動的舉動，那是一種「將事物抽離自我」的活動。因此，所謂「事物可以獨立存在」，所謂「事物是具有物質實體的存在」，其實也只不過是因為我才得以存在；只有當我選擇從生活中抽離它們，只有當我假裝我不需要在生活中經歷它們，它們才可以獲得如此的存在地位。這種偽裝的態度（這裡所謂的偽裝，並沒有虛偽或虛假的意思，它只是描述該心態特有的一種屬性）、這種預設自己沒有在生活的假想、這種假設事物可以不因我的存在而存在並進而推論可能後果的做法、這種虛擬自己沒有在生活的態度，正是所謂的「理論態度」（theoretic attitude）。

你們看到了嗎？費希特一直都是正確的。嚴格說起來，理論活動與哲思活動並不是生活，因為，它們乃是另一種型態的生活：它們是理論的生活以及沉思的生活。理論和哲學（後者乃是一種極端理論）是生命為了超越自我而做出的嘗試；這是一種自我放空，是「去除生活」（de-living），是停止對事物感興趣。不過這種讓自己不再對事物感興趣的過程，並不是被動的過程，相反的，它是另一種形式的投入。也就是說，即使當我們切除某事物與我們內在生命的關聯，即使我們讓某事物不再進入我們的生命，並讓該事物因此得以獨立存在、尋獲自己的真正本質，我們仍可以保持對該事物的興趣。雖然表面上這是種不再對事物感興趣的過程，但事實上它卻是種對每個事物之內在自我感興趣的過程，它賦予每個事物獨立性與重要性，你甚至可以說它讓事物產生了人格，這個過程讓我們得以從事物本身的角度觀看一切，而不只是從自我的角度。理論思考與哲學沉思，代表人們嘗試轉化與變動。不過，這一切，也就是切斷我對事物的所有興趣並只專注在事物自身中，尋找其絕對性、不再利用事物、不再希望事物能為我所用，改以毫不偏頗的眼光看待它，並使得它有機會可以看見自己、找到自己、成為獨立的自己，且為了自己而存在；這一切，難道不正是愛嗎？如此看來，理論思考與哲學沉思根本就是一種愛的行為，在這種愛（與欲求不同）的活動中，我們試著從對方的內心角度體驗生命，我們為了其他事物而捨棄自我的生活。那古老且令人敬仰的柏拉圖雖然沒有得到我們認同，但他卻一直慷慨地鼓舞激勵我們的這種否定態度，他滋養、啟發並支持我們。也因此，我們終於在他那「知識之情感根源」的看法中體會到截然不同的嶄新感受。

我已粗略為大家介紹這個看法，在這個過程中，我並沒有仔細純化或分析我的措詞，我之所以不這麼做，是因為我希望透過簡短且未經加工的形式，讓大家瞥見傳統意義下的存在如何出現在這種新的哲學中；此外，如果時間充裕，你們或許也可以清楚見到我們行經的思想道路。關於「哲學是什麼？」這個問題，我們會以前所未有的方式、從根本處出發、由下而上的方式來回答。先前我們已定義了哲學的主旨，而且我們也循序推論直到我們觸及所謂的「生活」；現在，我們終於到了真正要回答問題的時刻。哲學的主旨與學說（如同書中可見到的一些理論），只是哲學之真正本體的抽象表徵，它只是哲學的沉澱物、哲學的垂死身軀。好比香菸的真正實體其實是抽菸者捲動的對象，哲學的本體也是哲學家創造的對象；換句話說，哲思乃是一種生活的型態。這就是我想和大家一起更深入探究的東西。這種身為某種生活形式的哲思，究竟是什麼呢？我們已經大略看到，所謂哲思就是「去除生活」的過程、停止在生活中經歷一切事物的過程、不再經驗宇宙萬物的過程，而這其實是種讓自己可以反過來認識並承認宇宙的過程。可是，如果沒有先仔細分析這些詞彙，那我們就不可能賦予它們嚴格且有用的意義，我們的努力也將徒勞無功。讓我們回想那個沒有什麼哲學書籍的古希臘時代，當柏拉圖問「哲學是什麼」，他們心中所想的就是人、哲學家以及生活。對他們來說，哲思的首要本質，就是關於生活的理論。嚴格說起來，他們擁有的第一套哲學書籍就是有關希臘七賢的生平傳記。任何不定義哲學是哲思，不定義哲思是種根本生活型態的看法，都是不充分且不基本的看法。

不過，在我們結論之前，我希望對「我們的生活」之定義再多說明一些。我們已經見到，所謂生活，就是發現自己正在從事某些活動，換言之，生活就是某種形式的作為或創造。而所有的作為，都是為了追求某些東西而進行某些活動的過程。這些活動或作為，這些表現自我的方式，都是源於某種我們俗稱的目標，並且旨在追求該目標。而我之所以追求某個目標、選擇如此生活、選擇如此存在，是因為我認為在所有的可能選擇中，我的生活將因為這個選擇而更好。

這裡的每個詞彙都是一個範疇，正因為如此，我們無法透過分析來窮盡其內容。然而，它們可以開展出我的真實生活（或是我的實際作為），也就是我能決定的生活。這也意味著，當我在創造我的生活，必然會先有一個「決定要去創造生活」的過程、一個「決定自我之生活」的過程。我們的生活決定了本身，也預期本身。它不是賦予我們的現成事物，它並不像我先前提過的子彈彈道那樣。我們的生活是種決定的過程，因為生活是在毫不封閉而且充滿機會的世界中發現自我的過程。對我來說，這個生氣蓬勃的世界的每一瞬，都含有做各種事的可能性，而不是只能做某件特定的事。

從另一方面來說，這些可能性並非毫無限制，如果它們真是毫無限制，它們就只是種不確定的集合，而不會是具體的可能性；在完全不確定的世界中，所有的事情都有同樣的可能性，我們也因此不可能做出任何決定。為了要決定，一定要先同時存在著空間與某些限制，一定要有些相對的確定性，而這些條件就是我所謂的「環境」（circumstances）。當生活發現自我，它總是發現自己處在某些環境中、某種充滿其他人與事物的環境中。我們生活的世界，並不是模糊不明的世界；從本質上來看，生命世界就是環境，就是此時此地這些與世界息息相關的人與事物。環境是種確定的東西，它是封閉的，卻同時也是開放且具有內在自由的，它具有空隙讓我們移動其中並做出決定；環境就像是河谷中的河床，生命必然流動其中並切割它。生活就是活在此時此地；雖然此時此地是獨特的一個時空，不可與其他時空混淆，但每個此刻都是無比寬廣豐富。

命運與自由

所有的生活過程，都是在諸多可能性中持續不斷決定的過程。這一切宛如繁星推移運行，但並不彼此強迫。生命是自由的，但同時也是命定的；這是種宿命中的自由。此宿命給予我們許多注定且無法改變的可能性，換言之，它給予我們許多不同的命運。我們接受這種命定，在其中決定並選擇我們的某一命運。生命就是命運。

我希望你們之中沒有人覺得有必要提醒我「決定論否定自由」。如果有人這麼想，我只能對決定論與這些人感到遺憾。若要公正描述決定論，我必須說它是（或曾經是）一種關於宇宙之實在的理論。雖然它曾經代表一種確切的理論，但它也只不過是一種理論、一種詮釋、一種明顯有些問題而且必須要證明的論點。因此，即使我過去曾經是決定論者，我仍然必須遏制這種理論，使它不能回頭影響我們正在討論的那種基本且無可懷疑的實在。無論決定論者認為世界多麼具有決定性，他的生活相對來說是未決定的，畢竟，他曾經在某個時刻做出了該不該相信決定論的決定。因此，在此呈現這個問題，不是要解釋什麼是決定論，也不是要知道先於任何理論的最初實在。

此外，請大家不要忽略我剛剛說的事實：生命既是一種宿命，同時也是一種自由；生命代表著受到限制的可能性，雖然它受到限制，但它仍是一種可能性，它是開放的，我希望大家一定要注意我說的話。我不能推理它，也就是說，我不能證明它，而且也不必推論它，我甚至刻意避開所有的推理，刻意限制自己只能使用純粹的概念表達那顯示在我面前的基本實在，每個理論、推論與證明都預設的基本實在。為了讓大家不要產生令人感傷的看法，我只好在一開始就向大家宣告這項非常基礎的觀察。

現在，我要附帶告訴大家，上述那種決定論已不復存在於今日的哲學與物理學之中。下面這本數年前出版的書中可見有力佐證。這本書探討物理學的邏輯，其作者是赫曼·魏爾（Hermann Weyl），他是愛因斯坦的後繼者，也是當今最優秀的現代物理學家之一。他提到：「綜觀這些討論，我們可以判斷今日物理學，它一半是物理學、一半是統計學，它的發展與那想要大膽辯護決定論的立場有何不同。」關於人們封閉保守的心態，他提到一種可能的原因，他認為當我們聽聞某事，或是當我們面臨到某種非常基礎的反對，我們鮮少會想到同樣的事或許也發生在說話者或作者身上，同樣的，我們也很少反省自己有沒有真正瞭解對方表達的內容。如果我們無法這樣思考，我們的水準就會低於我們聆聽的對象，低於我們閱讀的書籍。

總而言之，生活就是那矛盾的實在，就是我們對自己行為做出的決定，也因此，生活可以說是體現未來、開啟未來。那些「具有生命的存在狀態」與「宇宙物質式的存在狀態」之不同點，在於前者的存在狀態是從「那邊」開始的，換言之，那是一種之後才會到來的狀態。

在舊有的宇宙時間觀念之下，這種狀態不可能存在。舊有宇宙時間觀念只包含現在，因為未來尚未到來，過去已然消逝。在這種情況下，過去與未來如何可能繼續成為時間的一部分呢？而這也正是時間概念為什麼困擾哲學家的原因。

「我們的生活」牢牢地設定在當下。但是，我當下的生命活動究竟是什麼？我當下的生命活動並不是「說我正在說的話」這件事，也不是「掀動我的嘴唇」；這些都只是機械式的動作，它們並不屬於我的生活，只是宇宙物質般的存在。相較之下，我的生活乃是「思考我要說什麼」的思想過程；這一刻，我正在預期未來，我正投射我自己到未來之中。但是，為了表達出這一切，我必須使用某些方法，也就是使用語言或文字，而這個過程讓我得以接觸到我某一部分的過去。我的未來讓我發現我的過去，透過這樣的方式，我才能實現未來。在此刻，我的過去是真實的，因為我正重新經歷它，而當我在過去中找到實現未來的方法，我也才真正發現我所存在的當下。這一切都發生在一瞬間，一刻又一刻的生活累積膨脹成具有三個向度的真正內在時間。未來將我拋回過去，過去則推我向現在，而當下的我又再度走向那將把我拋回過去的未來……如此循環不已。

我們深繫當下的宇宙中，它宛若大地般支撐我們的雙腳，讓我們可以把頭與身體伸向未來。文藝復興初期的尼古拉斯說得很對：此時此刻包含了一切時間，它涵蓋現在、過去與未來。

我們活在真實的當下，但當下並不是為了我們而存在；透過當下，就好像透過腳下的大地，我們才能活出緊隨而至的未來。

你們要知道，大地上唯一無法讓我們直接觀察到的，就是我們腳底下的那一塊土地。

在我們看清楚環繞於四周環境之前，我們本來只是一束束的欲求、想望與幻想。我們帶著一整套祖愛與偏見來到世界上，我們與身旁的每個人都一樣，大家的內心都充滿許多喜惡，每個人都隨時準備好表現出自己的愛與恨。我們的心，那台不停展現喜好與厭惡的機器，就是我們人格的支托。

不過，不要因此以為印象才是那個最初的事物。根據傳統看法，人們之所以欲求某些事物，是因為他們已經事先見過該事物，當我們重建「人是什麼」這樣的觀念，最重要的就是糾正這種傳統的看法。這種傳統看法看似明顯易懂，但它多半是種錯誤。那些渴望物質財富的人，並不會等到黃金現於眼前才開始追求它；他總是全心全意、不斷在各處尋找可能出現的財富。相較之下，那些把「美」當成目標的藝術家則對這些財富視而不見，他們尋求的是事物中的優雅與美麗。

因此，必須徹底顛覆傳統的信念。我們欲求某事物，並非因為我們已事先見過該事物；相反的，我們追尋該事物，是因為我們打從內心深處就喜歡它。各種不斷傳進耳朵的聲音中，我們只會聽見受到我們注意的聲音；換言之，只有我們豎起耳朵仔細聆聽才聽得到。當我們集中注意力在某事物上，我們必然忽略其他的事物，也就是說，當我們選擇聆聽某種有趣的聲音，我們也選擇過濾其他的聲音。所有的「見」都是觀察的過程，追根究柢，所有的「聞」都是仔細聆聽，所有的生命活動都是一種原始而不間斷的好惡活動。

這個道理在人類的情愛關係中最是明顯不過。當女人真正是女人，她那女性靈魂的深處必然有如睡美人，她會在生命之林中等待著王子的親吻喚醒她。她的靈魂深處不知覺地埋藏著預先形成的男性形象，這不是關於某個特定男人的特定影像，而是關於完美男性的普遍典型。同時，她總是宛如在睡夢中，夢遊般的穿梭在男人之中，並不時比對她遇到的男性與自己心中那既存的偏好典型。

這種說法可以解釋一切真正愛情關係中的兩個現象。其一是一見鍾情：每個女人都有可能在毫無中間過程的情況下，突如其來燃起愛火，男人也是如此。如果她不是早就暗自迷戀、傾倒於那一直潛藏在她心中的完美男性形象，將很難解釋這一切。另一個現象是，當女人發現自己深深墜入情網，她不但覺得她的愛將是永恆、將會永久持續，她也覺得自己從很久以前就一直深愛著他，她的愛宛若是來自她深度的神祕過往，來自於無法量度的過去時間與不可言說的先前存在。

這種發自內心的永恆摯愛，顯然並不是由她眼前剛出現的那個人導致的，這種摯愛乃是來自於她心中關於男性的完美形象，那個形象像是某種諾言般在她安靜的靈魂中產生陣陣悸動，並終於實現在她眼前這個真實之人身上。

從這樣極端的判準來看，我們可以說人類的生命活動就是不斷預期，就是預先形成未來。關於那些擁有我們喜好之特質的事物，總是特別敏銳的留意著；但另一方面，對那些不屬於我們固有感官範圍能觸及的事物，即使它們擁有同樣完美或甚至更完美的特質，我們仍然視而不見。未來總是最先映入眼簾：我們帶著一顆充滿渴望且專注的心緊抓住未來，唯有如此，未來的甜蜜精髓才會流入我們手中；而只有當我們對未來有所渴求與希冀，才會將目光移向當下與過去，期望在其中找到方法來滿足我們對未來的渴望。未來總是領導者，而現在和過去總是宛如副手與士兵。我們的生命活動就是向未來邁進，而現在與過去則總是帶點哀傷，有些渺茫的在一旁忠心支持與陪伴我們，現在與過去就像月亮為我們照亮夜晚的道路，它一步一步伴隨我們，並在我們的肩頭灑下微淡的友誼之光。

因此，從心理層面來說，最重要的關鍵並不是我們過去的一切，而是我們渴望的未來：也就是那些欲望、渴求、夢想與野心。不論喜歡與否，我們的生命都是徹底的未來主義。人類總是被夢想拉著鼻子走，這是一幅美麗且生動的畫面，因為人的鼻子的確走在最前面；它是我們身上最先走入空間「彼端」（over there）的一部分，也總是預先行動並走在我們前面的一部分。

決定要這樣做或那樣做的決策過程，正是我們生命中充滿自由氣息的部分。我們一直在決定我們的未來，為了要實現未來則必須仰賴過去，並好好利用那可以操控現實的當下，這一切都發生於「此刻」；其箇中道理，在於未來並不只是單純的未來（未來其實是可能的「此刻」），過去也不只是數百年前某人生活的一段時間（過去其實是「此刻」的前身）。你看到了嗎？「此刻」就是我們的時代、我們的世界、我們的生命。「此刻」向前流動，時而平靜、時而洶湧，有時像是和緩的河流，有時又像是湍急的激川。當它穿越確切真實的大地，當它穿越那獨一無二的真實世界與時間的同時，我們為它加上了數字，就像耶穌基督身後的紀元。我們把自己鑲入其中；而它也為我們刻劃出一整套不同的情境、危險、方法、便利，以及種種可能性。由於這些特性，它限制我們做出各種決定的自由度，沒有自由的決定，也會限制我們生命活動的動力，而這種受限的自由最後就變成了宿命。

「我們的時代塑造命運」，這絕對不只是一句口號而已。「當下」凝結並總述過去（其中包括了個體的過去與歷史的過去），它是命運的一部分，而且是介入我們生命的那部分命運；從這個意義來看，生命總是帶有一種命定的色彩以及某種落入陷阱的跡象。只不過這個陷阱並不會扼殺我們，而是會為我們保留自由決定的一線生機，它總是允許每個人在強加於我們身上的情勢之中做出優雅的選擇，並鍛造出美麗人生。所以，生命有一部分是命定，而另一部分是我們必須自己決定的自由，也因此，生命的本質可說是一種藝術；而最能夠體現這種命定中帶有自由之藝術特質的，莫過於詩人受限於律韻的自由文藻。所有的藝術都代表對束縛及命運的妥協。尼采說：「藝術家是帶著枷鎖的舞者。」我們的命運就是當下這一刻，這並非是不幸，相反的，這是一種快樂，正如雕刻刀遭逢大理石產生之阻力時的那種快樂。

設想每個人都多花一點心力關心他生命中的每一刻，設想每個人都多花一點努力要求更多的生命雅緻與張力；接著，為使每個人的生命更加完美與深刻，讓我們加乘所有微小的壓力，如果你仔細算，你會發現這個過程將無遠弗屆的豐富我們的生活，並為人類社會帶來美妙無比的崇高價值。

這乃是最高層次的一種生活方式，它完全不同於那種宛如無人掌舵之船的飄渺生活。在這種最高層次的生活方式中，我們將發現每個當下都在面前流動，而且每個當下都帶有它嶄新的迫切性與重要性。

我們不要認為命運限制了我們改進自我生活的機會，因為生命之美並不在於命運是否與我們站在一起，而在於接受挑戰，並從命定的形式中活出崇高的形像，這其中的優雅，才是生命之美的所在。

而現在，讓我們將這一切分析彙整成清晰的公式吧，讓我們看看生活的根本性質到底是什麼。這些關於基本事實的概念，總是像膽怯小鳥般躲避我們，不讓我們有機會理解它，而這種情形更促使它們被關進牢籠，那是一個由某種意義深長的名相形塑而成的牢籠，它讓我們從牢籠的鐵絲之間看見遭囚禁的概念。

我們知道，生活就是「決定我們未來是什麼」的過程。海德格曾巧妙的說：「生活就是『關切』（concern）」，也就是德文的「Sorge」或拉丁文的「cura」，從此更開展出治療、攫取以及好奇等其他概念。古西班牙文中，「關切」（cuidar）一詞的意義等同於我們現在所謂的監護人、代理人或者靈魂的牧師。不過我比較喜歡以另外一個類似但不相同的詞彙表達，在我看來，這才是比較精確的描述：生命就是「預先占有」（preoccupation），不只是在艱困的時刻如此，而是無時無刻不如此；本質上來說，生活就是純然的預先占有。生命的每個當下，我們都必須要決定下一刻的行為，必須決定我們下一刻即將從事的生命活動。生活就是我們對未來的預期，就是預先占有自己。

然而，或許有些人不願認同這種時時警戒的心境，他們會說：「先生，你的說法只是一種文字遊戲。我承認生活就是不斷決定自己的未來，但是一般人都認為『預先占有』這個詞帶有某種焦慮與艱困的意義；因此，說生命是預先占有實在是太過嚴肅。當我們決定來這裡，決定以這種方式在這裡度過這段時間，我們並不會因為假裝這是件嚴肅的事而獲得任何益處。相反的，正如你先前所說，生活中的絕大部分都在我們不注意的情況下流逝。如果這個詞彙無法如實描述它要表達的意思，我們為什麼還要使用這麼沉重且充滿感傷的字眼呢？值得慶幸的是，我們現在已不再受到那充斥著誇張與不切實際的浪漫主義的支配。我們要求每個人都要以簡單、清晰、精確的方式說話，我們要求所有的話語都要如外科手術工具那般乾淨。」

我不知道為什麼要假設有人會提出這種反駁。但事實上，知識分子是我唯一自我認許且充滿熱情的職業，對這樣的我來說，這種巧妙的反駁乃是世界上最能讓我感到愉悅的事；身為知識分子，我的唯一天命就是反駁和接受反駁。所以我很樂於聽取這些反駁。我不只聽取，我還尊重；我不只尊重，我更懇求它。我總是知道如何在反駁中得到裨益。如果我們可以交相反駁，那麼它終將帶給我們勝利的快樂感受，我們也可以像射中紅心的弓箭手般擺出勝利姿勢。相反的，如果這些反駁擊倒並說服我們，那才更是最大的幸福。那是在康復時才體會的到的快樂，一種從夢饜中醒來時感受到的愉悅；我們見證一個嶄新真理的誕生，它的初生光芒讓我們眼界大開。因此，我願意接受如此反駁：乾淨、清晰與精確，它們也是我深深崇拜的神聖質性。

不過，當我受到攻擊時（即使那是種假想的攻擊），我必須拿出有效的武器抵禦；就算我確信它們是乾淨的，我也無法保證它們能夠完全不含粗糙。

那麼，假設你們有些人並無透過事先計畫而來到此處，而且這些人也沒有對生活提出過任何質疑。如果說這就是人們的常態行為，而且心理學家的懷疑也沒有辦法讓眾人擺脫這種表象，我們或許就只能相信人們的常規生活的確缺乏預先計畫。但是我必須要問，如果這些人並不是因為預先計畫或某些個人理由來到此處，那他們到底為何而來？答案只有一個：因為他們跟從其他人而來。

這就是人們未能「預先占有」或預先計畫的祕密所在。當我們覺得自己無法在生活中「預先占有」未來，我們的生命活動就會毫無目標的四處漂浮，好像沒有錨的浮標受到社會潮流的推扯。而這正是男人之所以平凡、女人之所以平庸的原因，換言之，這就是他們之所以會身為億萬凡夫之一的原因。對他們來說，生活就是臣服於眾人的意見，就是接受各種俗風、偏見、習慣以及規則；對他們來說，生活就是賦予這些東西生命，就是確保這些東西能夠持續存在。這些人根本就是懦弱的動物，他們在哀痛或喜悅時發覺自己生命中的重擔，因此感到憂慮恐懼，他們急於推卸自己肩上的負擔到所屬的團體上，殊不知那負擔正是他們生命的本質所在。換句話說，他們選擇了「不去選擇」。在他們無所謂的外表下，潛藏著一種不為人知的恐懼，他們害怕親自解決那些由他們本身行為與情緒引發的問題，這是他們卑微的渴望：渴望能與他人一樣、渴望能不要為自己的命運負責、渴望能在眾人之中找到依賴。這是懦弱之人的理想世界，他們心中計畫的，就是與別人做一樣的事。

如果我們想要尋找一個類似太陽神之眼的比喻，讓我們回想一下埃及人的葬禮儀式吧，他們相信人死後其靈魂會在受另一個世界召喚，並在法庭中接受審判：其中最根本的正義判準就是測量心的重量。為了要瞞過審判、欺騙掌控生死的力量，埃及人安排禮儀師把死者的血肉之心換成銅或黑石製成的心；換句話說，他試著要換去他全部的生活。而這正是那些不願選擇未來之人做出的行為，他們試著要換掉自己的存在，這就是他們魂牽夢縈的念頭。由於人們無法逃避根本的生活，最謹慎、最好的方式就是強調它，以諷刺的手法突顯它；有如莎士比亞筆下的泰達妮雅（Titania）仙后在魔林中輕撫驢頭時的優雅姿態。

各地不同僧侶中，日本僧侶詛咒所有的世俗事物，他們稱世界中紛擾無緒的一切為「迷霧世界」。我記得其中一位名叫一茶（Isa）的僧侶詩人曾寫下一首簡單的俳句：「迷霧世界就只是迷霧世界……然而……然而……讓我們接受這個迷霧世界吧，讓我們利用它來創造一個更完整的生活。」

國家圖書館出版品預行編目資料

哲學是什麼？/ 荷西．奧德嘉．賈塞特（José Ortega y Gasset）著；謝伯讓，高薏涵譯.
--初版. -- 臺北市：商周出版：家庭傳媒城邦分公司發行, 2010.03（民99）
面；　公分.（哲學人；14）
譯自：What Is Philosophy?

ISBN 978-986-6285-39-4（平裝）

107　　99002938

哲學人 14

哲學是什麼？What is Philosophy?

原著書名 / What is Philosophy?
作　　者 / 荷西．奧德嘉．賈塞特（José Ortega y Gasset）
譯　　者 / 謝伯讓、高薏涵
企劃選書人 / 林宏濤
責任編輯 / 陳璽尹

版　　權 / 林心紅
行銷業務 / 李衍逸、黃崇華
總 編 輯 / 楊如玉
總 經 理 / 彭之琬
發 行 人 / 何飛鵬
法律顧問 / 台英國際商務法律事務所　羅明通律師
出　　版 / 商周出版
臺北市中山區民生東路二段141號9樓
電話：(02) 2500-7008　　傳眞：(02) 2500-7759
blog：http://bwp25007008.pixnet.net/blog
E-mail：bwp.service@cite.com.tw
發　　行 / 英屬蓋曼群島商家庭傳媒股份有限公司城邦分公司
臺北市民生東路二段141號2樓
書虫客服專線：(02)2500-7718；2500-7719
24小時傳眞專線：(02)2500-1990；2500-1991
服務時間：週一至週五上午09:30-12:00；下午13:30-17:00
劃撥帳號：19863813　戶名：書虫股份有限公司
E-mail：service@readingclub.com.tw
歡迎光臨城邦讀書花園　網址：www.cite.com.tw
香港發行所 / 城邦（香港）出版集團有限公司
香港灣仔駱克道193號東超商業中心1樓
電話：(852) 25086231　傳眞：(852) 25789337
E-mail：hkcite@biznetvigator.com
馬新發行所 / 城邦（馬新）出版集團
Cite (M) Sdn Bhd
41, Jalan Radin Anum, Bander Baru Sri Petaling,
57000 Kuala Lumpur, Malaysia.
電話：603-9057-8822　傳眞：603-9057-6622　email: cite@cite.com.my

封面設計 / 李東記
排　　版 / 浩瀚電腦排版股份有限公司
印　　刷 / 鴻霖印刷傳媒股份有限公司
總 經 銷 / 聯合發行股份有限公司　電話：(02)2917-8022　傳眞：(02)2911-0053

■2010年（民99）3月2日初版一刷　　Printed in Taiwan
■2017年（民106）6月16日初版3.5刷

定價 / 320元

ISBN 978-986-6285-39-4

廣　告　回
北區郵政管理登記
台北廣字第000791
郵資已付，免貼郵

104台北市民生東路二段141號2樓

英屬蓋曼群島商家庭傳媒股份有限公司　城邦分公司

請沿虛線對摺，謝謝！

書號： BP6014	**書名：** 哲學是什麼？	**編碼：**

請於此處用膠水黏貼

商周出版

讀者回函卡

射謝您購買我們出版的書籍！請費心填寫此回函卡，我們將不定期寄上城邦集團最新的出版訊息。

姓名：________________ 性別：□男 □女

生日：西元________年________月________日

地址：________________

聯絡電話：________________ 傳真：________________

E-mail：________________

學歷：□1.小學 □2.國中 □3.高中 □4.大專 □5.研究所以上

職業：□1.學生 □2.軍公教 □3.服務 □4.金融 □5.製造 □6.資訊

□7.傳播 □8.自由業 □9.農漁牧 □10.家管 □11.退休

□12.其他________________

您從何種方式得知本書消息？

□1.書店 □2.網路 □3.報紙 □4.雜誌 □5.廣播 □6.電視

□7.親友推薦 □8.其他________________

您通常以何種方式購書？

□1.書店 □2.網路 □3.傳真訂購 □4.郵局劃撥 □5.其他

您喜歡閱讀哪些類別的書籍？

□1.財經商業 □2.自然科學 □3.歷史 □4.法律 □5.文學

□6.休閒旅遊 □7.小說 □8.人物傳記 □9.生活、勵志 □10.其他

對我們的建議：________________

____

____

____

請於此處用膠水黏貼